惊呆了！
经济学超简单

12歳の少女が見つけたお金のしくみ

【日】泉美智子 著
胡伟静 译

浙江人民出版社

序言

[儿童经济教育研究室代表] 泉美智子

自 2000 年成立"儿童经济教育研究室"以来，面向家长和儿童，我们持续举办了各种关于金钱的参与型研讨会和活动。例如：为教育机构提供相关教材；排演纯手工制作的纸偶戏《鸡蛋和金钱的故事》，帮助参与者更加轻松地掌握经济学知识；引导参与者思考如何有效使用金钱、物品的价格是由什么因素决定的，并发表自己的看法，如此种种，已经迎来了第 21 个年头。

至今，我仍清晰地记得，十几年前的那个夏天，在"暑期儿童金钱研讨会"上，一个小学六年级的小女孩，坐在前排认真地做着笔记。后来，这个女孩在暑假自由研究活动中写下《对物品价格的思考》这篇小论文，获得了日本文部科学大臣奖，女孩妈妈拿着复印件到事务所和我们分享了这一喜讯。

我读了这篇论文后，为它的精彩感叹不已。后来又把论文拿给中学老师和经济学者们看，大家也都赞不绝口。这些都给我留下了深刻的印象。

后来，宝岛社编辑涩谷祐介先生读了当年那个小女孩的论文，感叹道："这篇论文不仅有着属于孩子特有的感性，内容也深邃丰富，甚至还谈到了生命的价值，非常精彩，一定要把它做成书！"就这样，很快，我们打听到了论文作者的住处，这位得奖时年仅12岁的小女孩，现在已经长大成人，参加工作了。时隔十几年，这本书终于得以出版。

一个小学六年级的小女孩，从对物品价格朴素的关心出发，经过多方调研，发挥自己不亚于经济学院学生的思考力、判断力、表现力（日本文部科学省提到的学习能力三要素），写下的这本力作，肯定会给大家带来不一样的感动。另外，在不损坏作者铅笔手写笔迹和少女"美好"特色的前提下，我对内容稍作修改。同时，也得到了经济学家佐和隆光先生的监制和协助。特此附记。

对物品价格的思考

当时还是六年级小学生的久谷理纱写下的《对物品价格的思考》获得了日本文部科学大臣奖。这篇论文就是本书的底稿。

这篇运用孩子特有的柔软感性分析了"物品价格"这一经济基本结构的优秀论文，经由曾监制《在节约、储蓄、投资前，你没听过的金钱超基本原理》（朝日新闻出版）一书的儿童经济教育研究室代表泉美智子女士之手，摇身一变，成了简单有趣的经济学入门书。

另外，原稿《对物品价格的思考》写作时间较早，本书依据当今形式把如今已经发生变化的信息、经济结构等部分换成了最新内容，以便读者朋友理解。

漫画或故事

原稿这一版块由可爱的插图和文章组成，本书用漫画进行呈现，图文并茂，更加具有故事性。

本书阅读方法

每章主要由漫画或故事、正文、小学六年级学生的认识与思考三个版块构成。

在此基础上，泉美智子女士又以专栏的形式对内容进行了精彩的扩充。

通过讲述六年级小学生神乐克莱尔的各种经历，引导孩子一起学习经济学知识，这是本书的一个特点。

正文

正文版块由文章和插画两部分组成。文章部分在原稿基础上又增添了最新内容，变得更加清晰易懂；插画部分参考原稿图画，由插画师重新作画。

小学六年级学生的认识与思考

原稿中这一版块在本书中采用了二人对话的形式进行呈现，同时结合当今形势增加了一些新内容。

最后，由经济学家佐和隆光先生监制，再进行编辑修改，共同打造出这本适合初学者的经济学入门书。

登场人物介绍

神乐克莱尔

生活在城市的小学六年级学生。父亲是日本人，母亲是法国人。无忧无虑、悠闲自在，同时也有认真的一面。

神乐皮埃尔

克莱尔的哥哥，初中二年级学生，头发自来卷，长相酷似妈妈。对什么都抱有强烈的好奇心，脑子转得很快。

神乐弗洛伦斯

克莱尔的妈妈，法国人，活跃在模特等领域，性格爽朗直率。

神乐尚

克莱尔的爸爸，律师。做事不拘小节，超级无敌笨手笨脚。

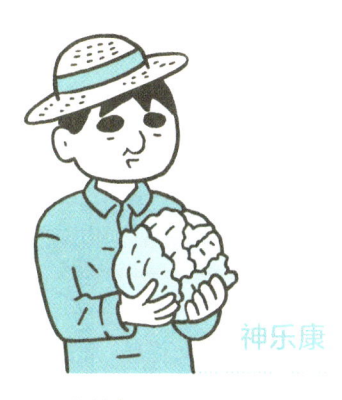

神乐康

克莱尔的叔叔，住在群马县。在以卷心菜闻名的嬬恋村农协担任农产部长。

波奇

康叔叔家的宠物，深受克莱尔的喜爱。

目录

序言 ……………………………………………… 2
对物品价格的思考 ……………………………… 4
登场人物介绍 …………………………………… 6

第 1 章　价格的变化与定价方法

A 部分

漫画① 嬬恋村的卷心菜 ……………………… 003
01 竞买、拍卖 ………………………………… 015
02 需求和供给 ………………………………… 019
03 价格的决定方法 …………………………… 025
04 通货膨胀、通货紧缩 ……………………… 028

B 部分

故事 在哪儿买好? …………………………… 033
01 种类繁多的价格设定 ……………………… 035
02 套利交易 …………………………………… 038
专栏① 品牌商品的价值 ……………………… 045

第 2 章　种类繁多的物品价格

A 部分

漫画② 如果空气变得稀缺 …………………… 049
01 景色、空气和水的价格 …………………… 052
02 丢垃圾的价格 ……………………………… 055
专栏② 丢掉的巨额利息 ……………………… 060

B 部分

故事 可以买时间吗? ………………………… 064
01 时间有价格吗? …………………………… 065
漫画③ 宠物的生命 …………………………… 072
02 生命有价格吗? …………………………… 081

03　器官有价格吗？ ……………………… 085
　C 部分
　　01　世界物价 …………………………… 091
　专栏③　每天生活费不到 1 美元的
　　　　　发展中国家的孩子 ……………… 097

第 3 章　劳动的价格

漫画④　想找人替自己做家务的妈妈 ……… 101
01　家务劳动的价格 …………………………… 103
02　世界工资 …………………………………… 108
专栏④　便宜东西的背后另有隐情 ………… 111

第 4 章　从卖方角度

漫画⑤　大街上到处都是圈套？ …………… 115
01　广告、宣传、非价格竞争 ……………… 119
专栏⑤　电商 ………………………………… 125

第 5 章　从买方角度

故事　物品价值因人而异 …………………… 129
01　效用和价格 ……………………………… 130
专栏⑥　电子货币 …………………………… 136

金钱名人 ……………………………………… 139
特别采访 ……………………………………… 140
编后语 ………………………………………… 144

第 1 章

价格的变化与定价方法

A 部分

漫画① 嬬恋村的卷心菜

01 竞买、拍卖

02 需求和供给

03 价格的决定方法

04 通货膨胀、通货紧缩

丁零零丁零零……
克莱尔！帮我接下电话。
好嘞！
啪嗒啪嗒
咔嗒
喂，这是神乐家。
神乐克莱尔 小学六年级学生
小克莱尔，我是群马县的叔叔。
呀，康叔叔！好久不见，还好吗？
好着呢！这次是想问问你，这个周日有空没？
是这样，有个“儿童农业体验”活动，举办地点在嬬恋村，让大家一起来收卷心菜。
哇，有点儿想去呢。
活动结束后还有时间，可以顺便到家里和小狗波奇一起玩。
一定要来呀！
要是能见到叔叔家的波奇，我就肯定去！
好的，一定去！
汪汪！
原来你是为了这个呀……

不过活动很早就开始了，大概凌晨3点我开车来接你。
啊？凌晨3点？！
好的，我会努力起床的。
那我们周日见。
也可以叫上你哥哥一起来！
知道啦！
星期日
嘀嗒……
嘀嗒……
嘀嗒……
迷迷糊糊
呜呜……
哇，是康叔叔的汽车，康叔叔来了！
哥哥，康叔叔来接我们啦！
哦，好，那我们走吧！
神乐皮埃尔
初中二年级学生

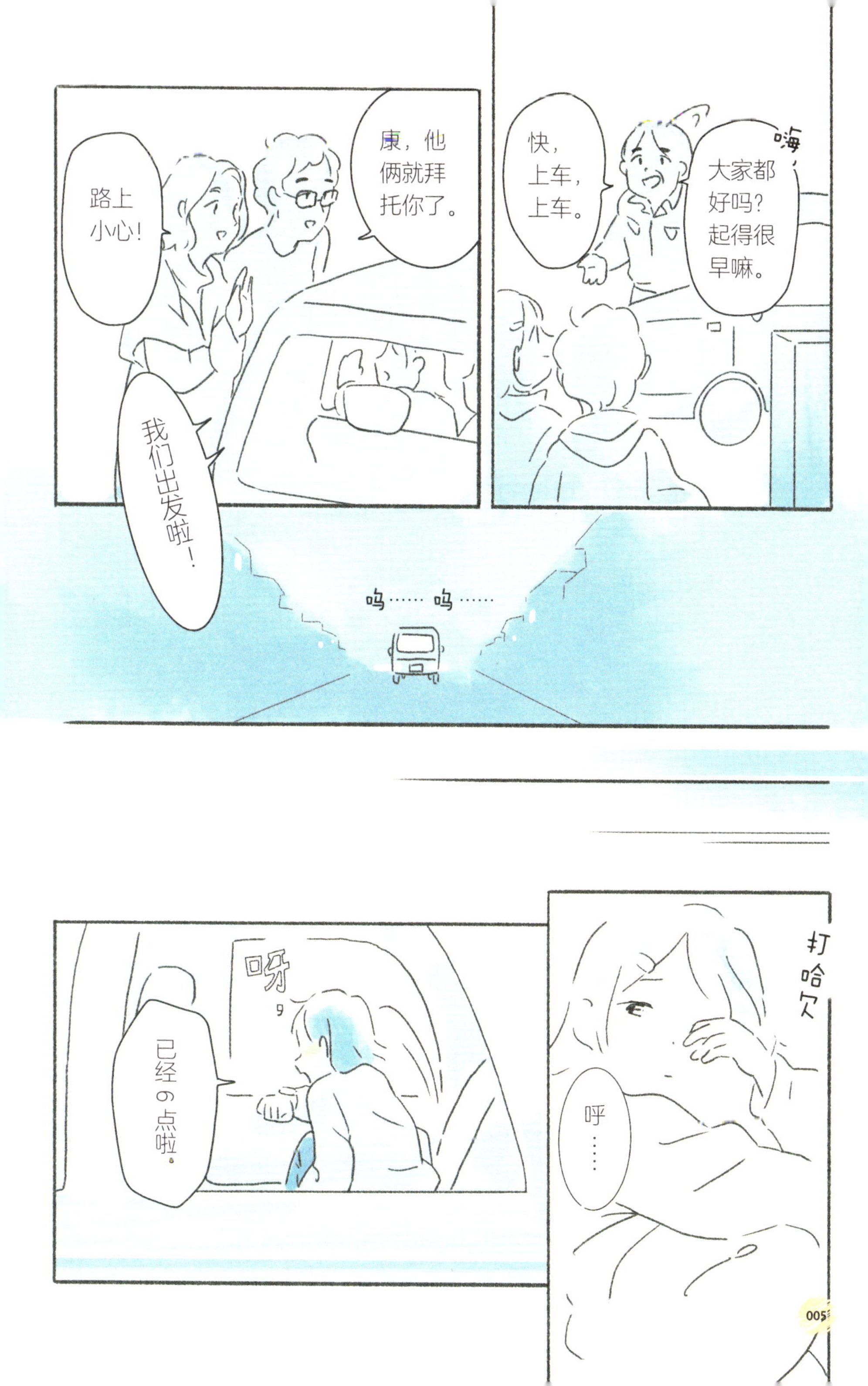
嗨，
大家都好吗？起得很早嘛。
快，上车，上车。
康，他俩就拜托你了。
路上小心！
我们出发啦！
呜…… 呜……
打哈欠
呼……
呀，
已经9点啦。

快看！就是那儿！你俩快来看！

嘎吱！

讨—厌—

啊哈，瞌睡虫，才睡醒吗？

太……

喂……

快点来！

太多了吧！

等等我！
哼哧哼哧
哇，来啦来啦！
就是在这儿集合呀！
是呢！
早上好！
这么早在这儿集合，谢谢大家！
今天我们要举行“儿童农业体验”活动。
这是要大家一起去散步吗？
中学生只有我一个人啊……
是想给我们介绍下嬬恋村的卷心菜吧。
好吧，那就先听听吧。

没关系，
也可以拔
掉的哦。
不过，根
长得太结
实了。
等过一会儿，
收割体验时
我们再一起
来拔吧。
这边的
卷心菜
长得
这么好，
怎么
没人
收呢？
真的呢！
好大啊，
我们拔掉
带回家吧！
扑通
笨蛋！
不可以！
去一边待着吧！
还真好意思说！
哈哈哈……
反正这些
到最后也
是扔了。
什么？！
为什么
扔掉呢？
是虫子咬了好
多洞眼儿吗？
还是
打了太多
农药？
这个……
咻

※近年来，嬬恋村卷心菜价格稳定，一般不会出现销毁的情况。

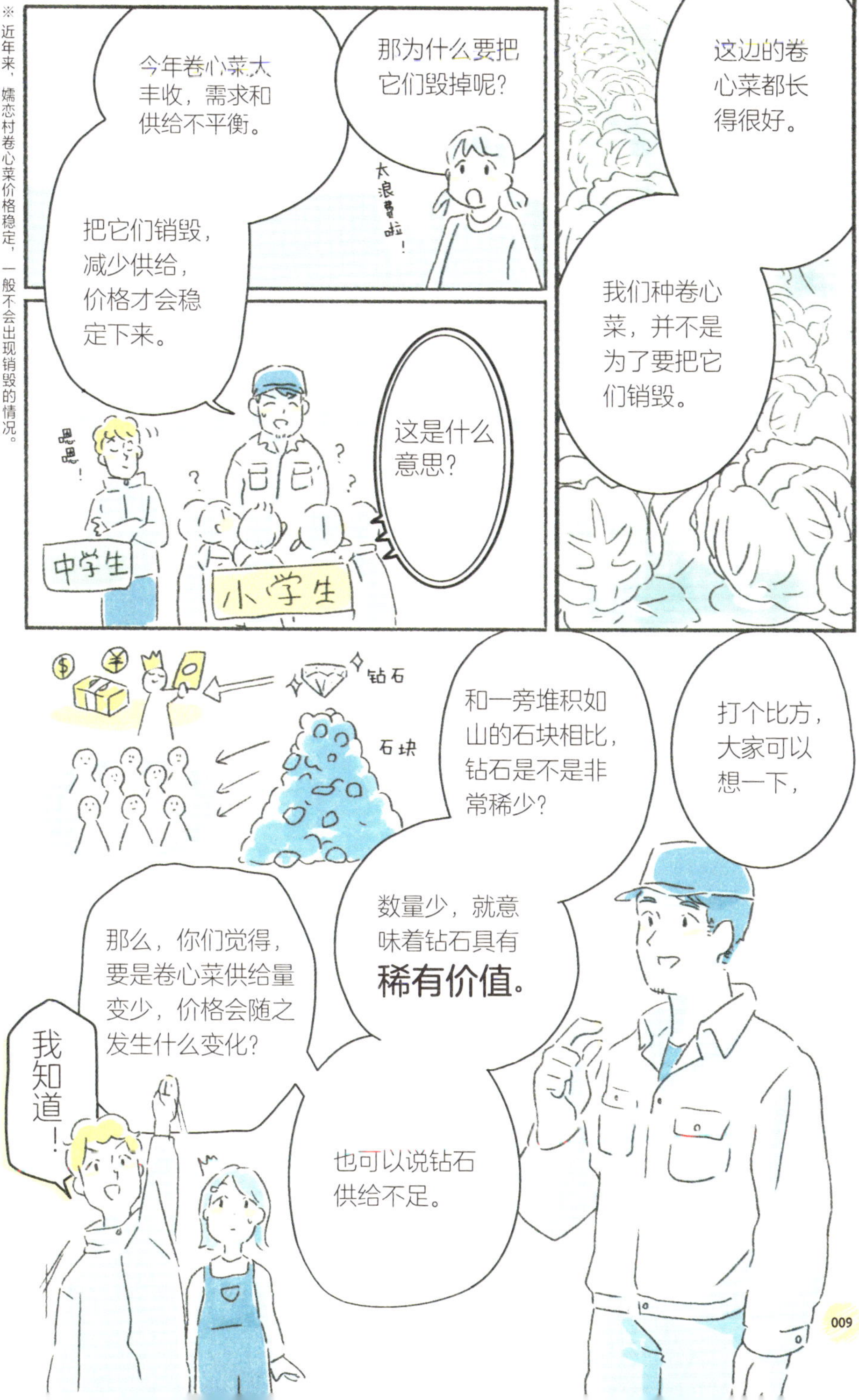

原来是这样啊，那这次销毁，应该就是相反的情况了。
可以把卷心菜分成有 1 颗和有 10 颗两种情况。
假设有 10 个人想买卷心菜，
当有 10 颗卷心菜时，大家可以随意购买；
但要是只有 1 颗，就没那么容易了。
只有 1 颗卷心菜，大家都想要，价格就会上涨，
谁出的价格最高，谁买走。
虽说丰收是件好事，但要是产量过多，
价格就会暴跌，反倒赚不了钱。
所以，我们才会通过销毁进行产量调整。
确实非常遗憾。
就是因为今年卷心菜大丰收，大量卷心菜流入市场，价格越来越便宜……
对！理解得不错。
不过话又说回来，大家是不是都很喜欢卷心菜？

哈哈哈……
我早就吃够了，想吃点儿高档美食。
说是便宜，妈妈就总做卷心菜。
天天都是卷心菜！
我家也是！
最近我家总吃卷心菜。
我不喜欢生吃。
特别喜欢！
正如大家的感受，“有人气”才是关键哦。
果然是这样啊。
大家刚开始肯定是喜欢卷心菜的。
不过，这样倒也理解产量调整是多么重要了。
原来，考虑人气从而调整供给量是必要手段啊！
虽然有点儿伤心，却也挺合理的。
要是没人喜欢，就卖不出去了……
就会觉得吃够了，吃腻了。
大家刚才也提到，如果卷心菜供给量过多，
要是没了人气，卷心菜就卖不出去了。
呃！
好像有点儿明白是为什么了。

卷心菜出货场
哇！这些全部都是卷心菜吗？！
集装箱里的是要直接送到超市的，
也就是通常所说的产地直供。
纸箱里的是要送到市场批发商那里的。
这边摆的也全是箱子！
这边是冷藏室。
嘎吱
哇！

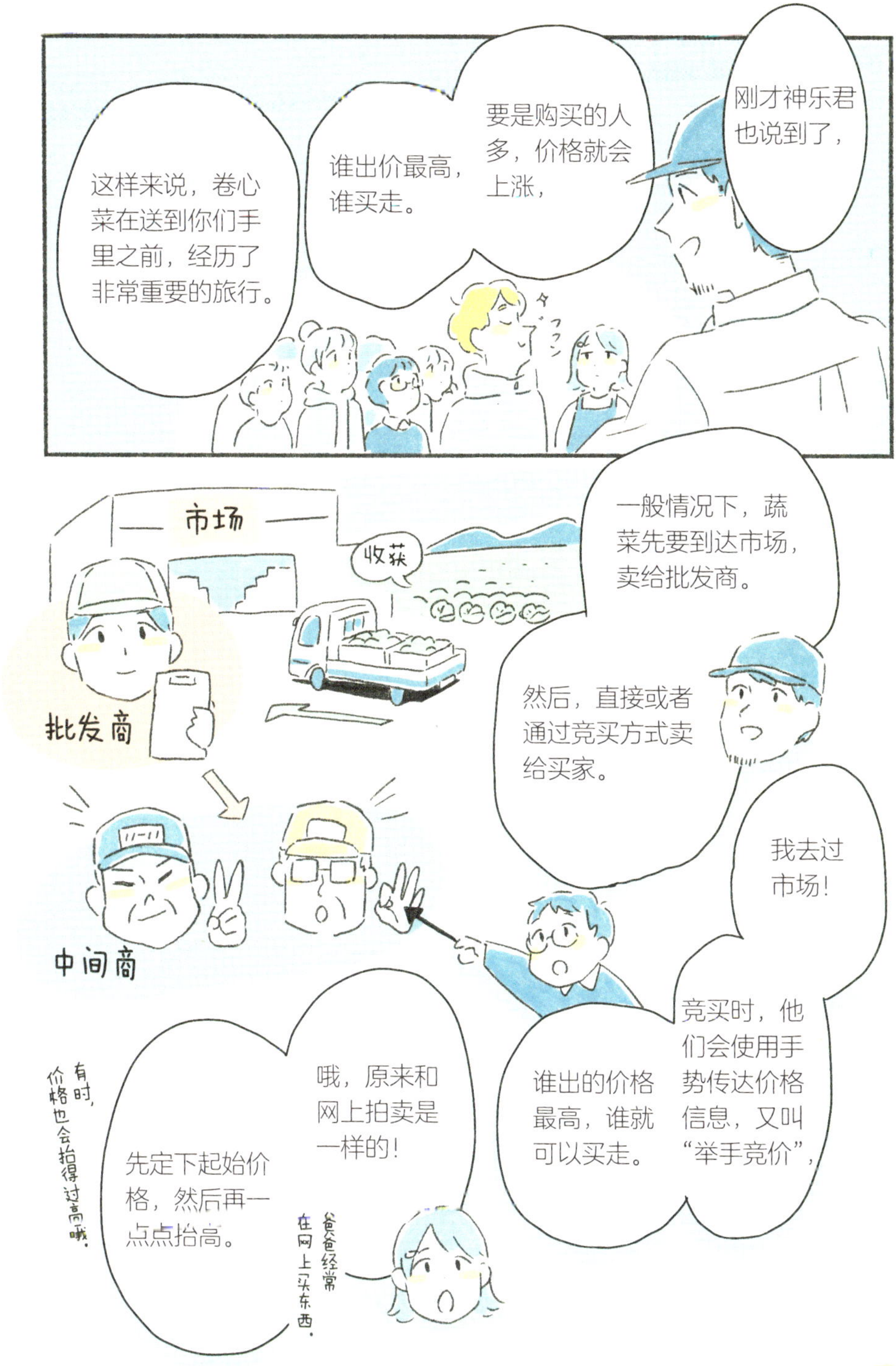

刚才神乐君也说到了，
要是购买的人多，价格就会上涨，
谁出价最高，谁买走。
这样来说，卷心菜在送到你们手里之前，经历了非常重要的旅行。
一般情况下，蔬菜先要到达市场，卖给批发商。
市场
收获
批发商
中间商
然后，直接或者通过竞买方式卖给买家。
我去过市场！
竞买时，他们会使用手势传达价格信息，又叫“举手竞价”，
谁出的价格最高，谁就可以买走。
哦，原来和网上拍卖是一样的！
爸爸经常在网上买东西。
先定下起始价格，然后再一点点抬高。
有时，价格也会抬得过高哦。

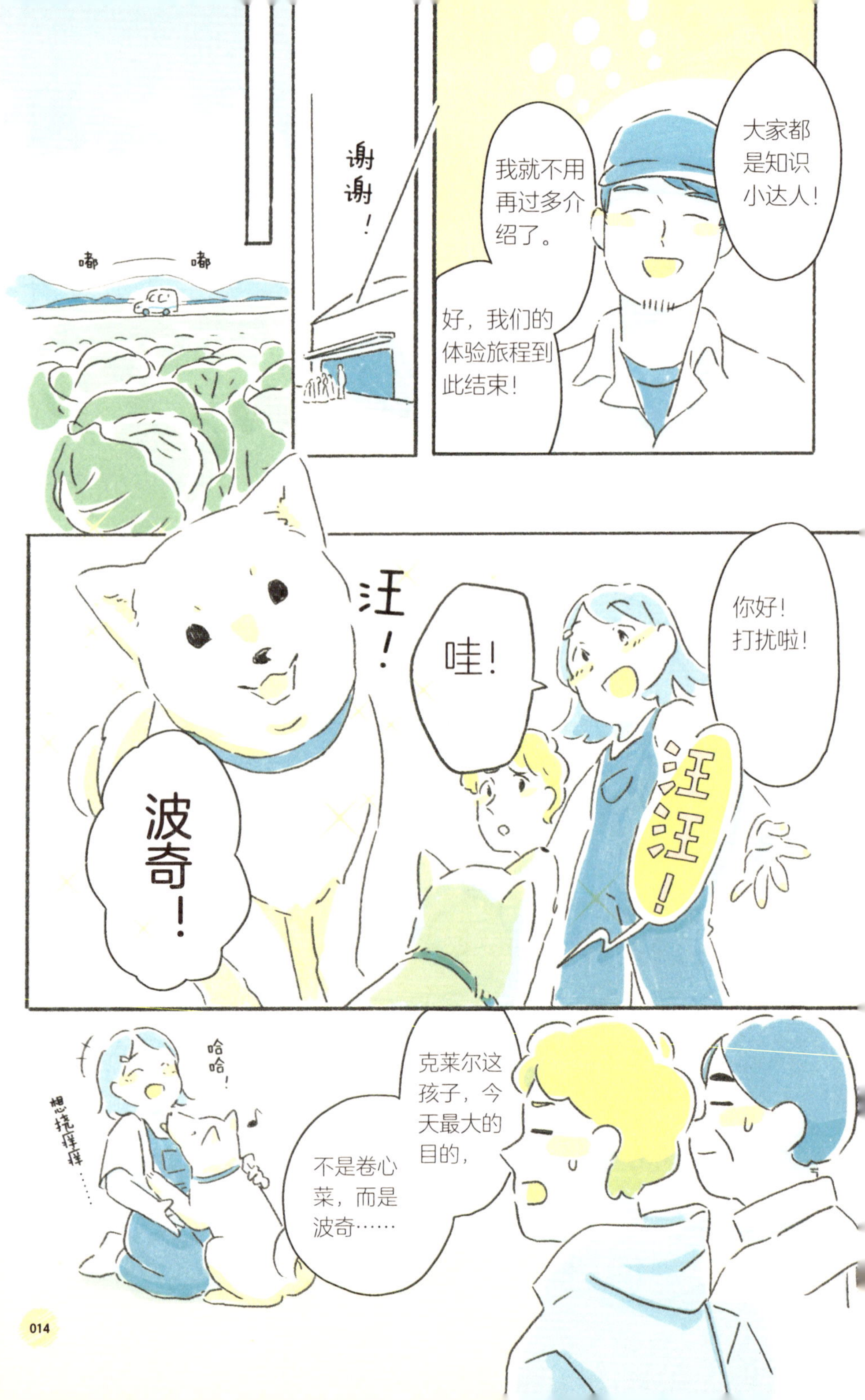
嘟
嘟
谢谢！
大家都是知识小达人！
我就不用再过多介绍了。
好，我们的体验旅程到此结束！
你好！打扰啦！
哇！
汪！
汪汪！
波奇！
克莱尔这孩子，今天最大的目的，
不是卷心菜，而是波奇……
哈哈！
想挠痒痒……

01 竞买、拍卖

很多人都知道市场竞买，但蔬菜在送到我们手里之前，不只有竞买，还有其他多种交易方式。我们将依次说明。首先，让我们跟着嬿恋村的蔬菜一起旅行吧！

蔬菜和价格交涉（以群马县嬿恋村和东京都的淀桥市场为例）

在收蔬菜的前一天，生产者要把收获的卷心菜数量告诉农协。农协收到消息后当天会联系批发商，告知出货量并确定价格。

> 这也是我的工作内容哦。

在农协上班的康叔叔

因此，出货时间不同，卷心菜价格也不一样。有时，一箱卷心菜甚至最多会有 1000 日元以上的差价。

差价和 **需求**、**供给** 有很大关系，这点我们将在下一节说明。

1 箱卷心菜的价格
（10 千克，8 个装）

价格低时
约 400 日元

价格高时
约 1500 日元

> 差这么多呀！

※ 近年来，价格有相对稳定的趋势。

卷心菜从菜地送到我们手里，除了通过菜市场还有其他途径。比如，有些超市是<mark>产地直供</mark>模式，卷心菜从产地直接运送到超市。这种情况，农协（或生产者）和超市直接交涉定价。

卷心菜资金由农协支付给生产者。货物配送也由农协安排，但卷心菜的运费和冷藏费由生产者支付。所以，扣除运费等费用，剩下的那部分就是生产者的收入。如下图所示，农协处在生产者和市场的中间位置。

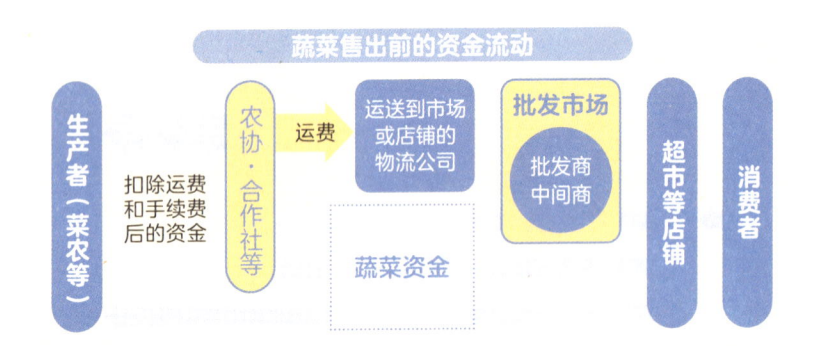

本店果蔬大多是产地直供。超级新鲜！欢迎选购。

产地直供超市

蔬菜售出前的资金流动

生产者（菜农等）— 扣除运费和手续费后的资金 → 农协·合作社等 —运费→ 运送到市场或店铺的物流公司 → 批发市场（批发商中间商）→ 超市等店铺 → 消费者

蔬菜资金

接下来，我们要对本章正题——<mark>市场竞买</mark>进行说明。

运送到市场的蔬菜，由批发商<mark>组织竞买并直接进行买卖</mark>。参与竞买的买家有蔬菜中间商以及从菜店、超市等小商铺来的买卖参与者。同一农家收获的同一种蔬菜，我们可以通过多种渠道购买。购买渠道不同，蔬菜价格也会有所不同。

东京都·淀桥市场

淀桥市场是东京都新宿区的一家果蔬批发市场。东京都内大部分菜店都从这里批发蔬菜、水果。

首先,我们来看下竞买。竞买以批发商为中心。批发商先确定一个最低竞标价格,然后竞买开始。参加竞买人员都是具备竞买资格的中间商和从菜店、超市等过来的买卖参与者。买家逐渐加价竞购,最后叫价最高的买家可以买到蔬菜。也就是说,蔬菜最终属于竞买胜出的买家。

> 在市场中,既有竞买商品,也有非竞买商品。

竞买通常又叫"举手竞价"。

市场中的讨价还价

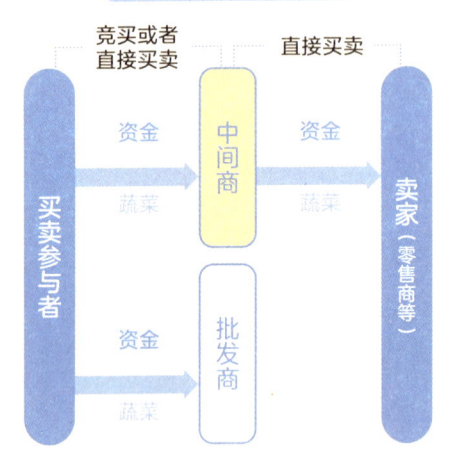

竞买或者直接买卖 —— 直接买卖

买卖参与者 → 资金/蔬菜 → 中间商 → 资金/蔬菜 → 卖家（零售商等）

买卖参与者 → 资金/蔬菜 → 批发商

如果是中间商竞买胜出——中间商在市场也有店铺——他们又会直接把蔬菜转卖给其他买家。买家从中间商那里购入蔬菜，再通过自家店铺卖给普通消费者。

拍卖

可以通过拍卖对相似价格进行定价。拍卖和竞买属于同一种讨价还价方式，比如网上拍卖，想购买网上货物的人都可参与拍卖。和竞买一样，参与者定下竞标价格。在规定时间内，给出最高价格的买家可购入货物。想要购买的人数越多，竞标价格越容易升高。

参与拍卖者首先会考虑"虽然想买，但价格得在多少以内"这个问题。拍卖之所以成立，也是出于这个原因。

02 需求和供给

物品，特别是蔬菜、大米等农作物的价格很容易发生变化。为什么会有价格的上下波动？这些物品又是怎样定价的呢？

价格变化

农作物价格很容易发生变化。比如，夏季低温、禽流感等情况都有可能造成价格变化。

不过，即使没有这些特殊情况，农作物价格还是会上下波动。那么，物品价格到底是怎么设定的？

决定价格的关键，是 需求和供给 。

需求，是指在了解价格的基础上，人们想要购买的物品数量。

供给，是指在了解价格的基础上，销售者想要卖出的物品数量。 商品没有卖完，或是很快卖完，都会给销售者带来困扰。因为一旦很快卖完，就不能满足后来专程赶来购买的顾客的需求了。

到底是积压还是脱销，取决于销售者的定价。商品积压，销售者应该降低价格。价格降低后，积压数量也会相应减少。相反，商品脱销，销售者应该提高价格。根据销售者对价格的调整，减少积压和脱销现象。

<u>如果物品（供给）比想要购买的人（需求）多，价格就会便宜。</u>以下用两个例子进行说明。

价格便宜的两种情况

① 供给多

比如，卷心菜丰收年，卷心菜供给量增多，供给（物品）大于需求（想要购买的人），价格就便宜。

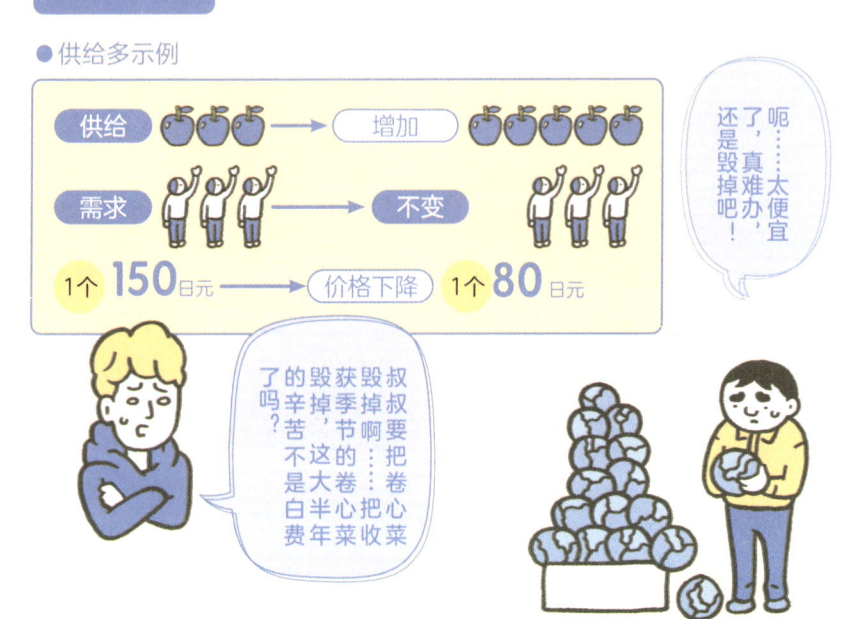

● 供给多示例

供给	🍎🍎🍎	→	增加	🍎🍎🍎🍎🍎
需求	👤👤👤	→	不变	👤👤👤
1个 150 日元		→	价格下降	1个 80 日元

呃……太便宜了，真难办，还是毁掉吧！

叔叔要把卷心菜毁掉……叔叔获的季节，这是把卷心菜毁掉吗？不是大半年白费心苦辛的了？

② 需求少

要是缺少人气，就没有人购买了。所以从卖方来讲，只能降低价格让人来买。

● 需求少示例

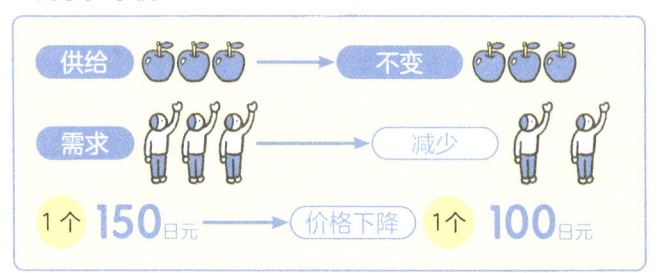

供给	🍎🍎🍎 → 不变 🍎🍎🍎
需求	👤👤👤 → 减少 👤👤

1个 **150** 日元 → 价格下降 → 1个 **100** 日元

想要购买的人（需求）大于物品（供给），<mark>价格就会升高。</mark>共有两种情况，我们举例说明。

价格贵的两种情况

① 供给少

如果遭遇台风，或是夏季低温，可能会造成农作物减产。这时，供给减少，物品变得稀有。因此，价格就会上升。

● 供给少示例

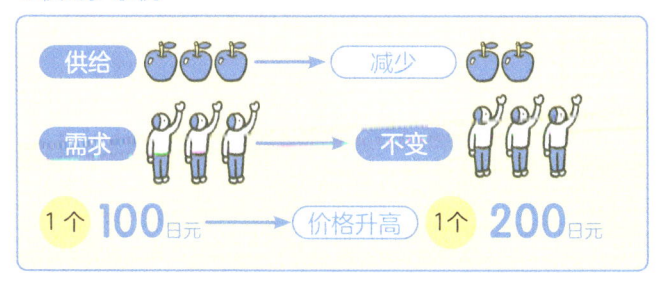

供给	🍎🍎🍎 → 减少 🍎🍎
需求	👤👤👤 → 不变 👤👤👤

1个 **100** 日元 → 价格升高 → 1个 **200** 日元

② **需求多**　人气畅销商品，能持续不断销售，所以价格也会升高。

● 需求多示例

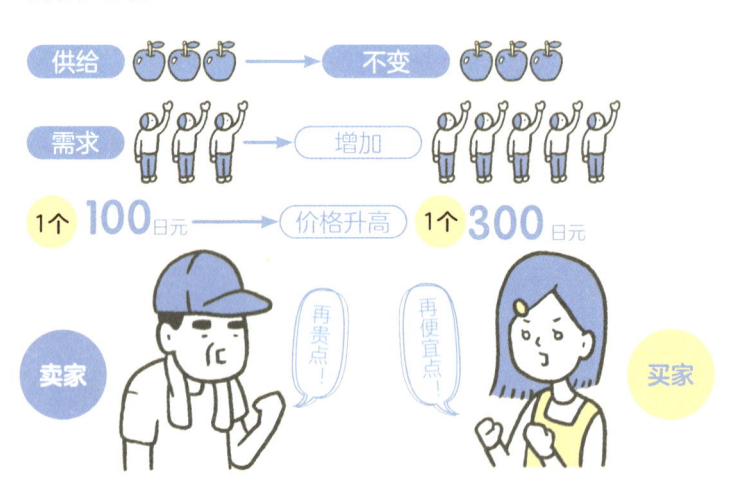

供给　🍎🍎🍎 → 不变　🍎🍎🍎

需求　👦👦👦 → 增加　👦👦👦👦👦

1个 100 日元 →（价格升高）1个 300 日元

卖家：再贵点！

买家：再便宜点！

以上是决定价格的基本要素。另外，==需求—供给曲线也能清晰地展现出理论上的"均衡价格"。==

==需求曲线展现买家心情，供给曲线展现卖家心情。==下图只考虑价格变化，不考虑其他，别的条件暂时都假设为定值。

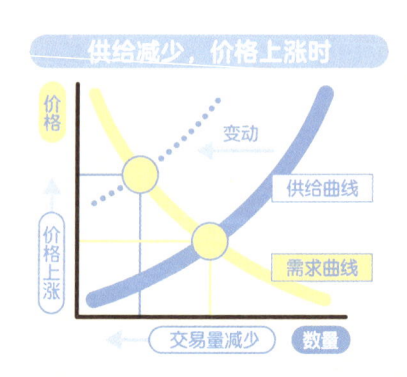

需求—供给曲线

供给减少，价格上涨时

价格 ↑　变动
供给曲线
需求曲线
价格上涨
←交易量减少　数量

需求—供给曲线

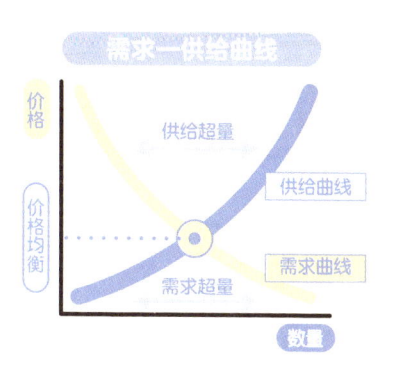

价格｜供给超量｜供给曲线｜价格均衡｜需求曲线｜需求超量｜数量

　　如果需求和供给保持一定，价格升高，需求减少，供给增加。相反，价格下降，需求增加，供给减少。需求曲线向右下方倾斜，供给曲线向右上方倾斜。**两条曲线相交处需求供给相等。**尽可能让需求和供给相等的价格，就叫**均衡价格**。

　　除价格以外，当其他条件变化时，需求曲线或供给曲线会随之移动（变动）。比如，卷心菜歉收年，卷心菜供给曲线如上图所示向左变动。如果需求曲线并不发生变化，均衡价格就会升高。也就是说，如果歉收，价格理所当然就会升高。

　　相反，如果卷心菜丰收，供给曲线向右变动，均衡价格就会下降。在超市、蔬菜店等地方，同一种蔬菜，由于日期不同，价格也不一样，正是在这一原理作用下受到了均衡价格变动的影响。

　　也就是说，需求—供给曲线会根据外部条件的变化而发生相应变化。比如，当西餐盛行，牛肉需求曲线便会向右移动；而当素食主义者增多，牛肉需求曲线又会向左移动。

　　用需求—供给曲线图表示均衡价格的变化，就会让物品价格的变动情况一目了然。

小学六年级学生的认识与思考
【 需求和供给 】

😊 =泉美智子　　🐱 =12岁女孩

> 我记得，在卷心菜丰收那年，妈妈确实经常买切半的卷心菜。不过，第二年，就不怎么见到妈妈再买切半的卷心菜了。

> 观察得很仔细。在丰收年，供给曲线向右变动，也就是说供给增多。

> 按照需求—供给曲线，当供给增加，价格就会下降，对吗？

> 说得对。能灵活运用这个图，也会加深对经济的理解哦。

> 我觉得，需求和供给这个话题特别贴近我们的日常生活。以后，我还想围绕需求和供给原理发现身边更多的实例呢。

> 比如沙丁鱼、秋刀鱼、草莓、西红柿等，多留意观察，或许很有趣哦。

价格的决定方法

价格大解析

物品价格包含了以下所举实例中的费用。

农作物价格
米、小麦、蔬菜等种植过程中产生的费用
+ 运费 + 劳务费

鱼的价格
捕鱼（或者养殖）所需费用
+ 运费 + 劳务费

物品从生产到摆在零售店的货架上，需要花费多种费用。在我们消费者购买这一物品前，生产者或店铺负担的费用是决定价格的因素之一。那么，到底需要花费哪些费用呢？

供给方首先要计算到底花费了多少费用。再加上目标利润（经营者自己或员工的劳务费），最终决定价格。如果以这个价格卖给买家倒也还好，大多数商品

生奶油 ¥200

更低价格，更优品质

市场竞争激烈，他们还必须考虑如何不输给竞争者。为拉拢买家，把体现在价格中的费用压缩到极限，这种情况并不少见。这样的市场叫作"完全竞争市场"。

不过，如果是尚未发售的新产品，目前还不存在竞争者，就可以独占市场，获得相当高的目标利润。这种市场叫作"完全垄断市场"。

另外，对现有产品也可以多下点儿功夫：比如宣传本公司产品如何比别家的好，还可以致力于树立品牌形象等，从而赋予本公司产品更高的价格。这种叫作"非价格竞争"。通过一些方法把本公司产品和别家的产品区别开来，打造产品的稀有属性，从而提高价格。让更多的买家认为"这么大力宣传，肯定是好东西"，即便稍微提高点儿价格或许也会购买。

不过，决定价格也要有个底线。如果价格过高，买家可能只会敬而远之。"非价格竞争"的同时，也必须在"价格竞争"中胜出。

市场竞争，使价格下降。

可以提高物品价格的广告宣传

小学六年级学生的认识和思考
【 价格的决定方法 】

=泉美智子　　=12岁女孩

> 物品的价格包含了从生产到零售过程中所需的各种费用。

> 卖家不一定就能按照自己期望的价格卖出去呢。

> 同一种物品，买家肯定会买便宜的，这样来看，在市场上，价格竞争是常有的事。

> 作为买家，通过价格竞争买到便宜的物品，还是很开心的。

> 反过来，生产商可就吃苦头了。

> 是啊，为了比竞争对手卖出更加优质、更加便宜的产品，他们每天都得努力。

> 经常会看到点心等物品的货架上有"季节限定"字样。这也是为了给买家营造出"不要错失这个难得的机会"的氛围吧。

> 这也是一种非价格竞争。不管公司还是店铺，它们都会为吸引顾客而使尽浑身解数。

04 通货膨胀、通货紧缩

通胀和通缩，不管哪种情况，都不能让人安心地使用金钱。具体发生了什么？为什么会这样？

通货膨胀（通胀）

一旦发生通货膨胀，物品价格就会持续上涨。明明买的是同一个物品，却要花费比以前多出许多的钱。也就是说，==货币价值持续下降==。

不过，值得庆幸的是，此时人们的工资也会相应得到同等比例的提高。==但货币贬值，如果放任不管，银行存款余额价值也会随之持续下跌。==因此，这种情况下我们通常会想到取出存款，用来购买喜欢的物品。毕竟现在用 1000 日元就能买到的物品，明年价格可能会涨到 1050 日元。

> 请帮我拿个棒棒糖，和以前一样，100 日元的那个。

> 不好意思啊，因为通货膨胀，棒棒糖也涨价了。

通货紧缩（通缩）

A

通货紧缩，指的是由于经济不景气，物品买卖或资金流动不活跃，引起物品价格、工资持续下跌的状况。

物价下跌，是好事吗？以下这种情况，肯定算不上什么好事。

因为通货紧缩，公司销售额下降，员工工资随之下降，有时甚至会超出物品价值变化的幅度。即使物品价格也随之下降，但最终还是不能像以前那样购买物品了。

B

通货紧缩时，和物品相比，货币价值会升高。不过，银行存款价值升高的同时，借款价值也相应升高了。

社长！再不准备削减工资，公司就要关门了！我们已经赤字了！

这样啊……

物品价格下降带来的负面影响

029

小学六年级学生的认识和思考
【通货膨胀、通货紧缩】

= 泉美智子　　= 12岁女孩

> 不管是通货膨胀还是通货紧缩，我们都不能安心使用金钱吗？

> 是这样的。经济形势只要不稳定，我们的生活也不得安稳。

> 我想对货币价值变化的情况做个简单解读。比如，通货紧缩时我把1万日元纸币存到储蓄罐里，然后等上一段时间……

> 这样一来，只要通货紧缩持续下去，你的1万日元纸币的价值就会持续上涨哦。

> 要是很长时间内一直通货紧缩，原来1万日元买不到的物品价格下降了，当我把钱递到店里时，还会收到找零呢。

> 你说得对。

不过,如果发生通货膨胀,1万日元的货币价值会持续下降。

以前用1万日元能够买到的物品,现在却买不了了。

挺有趣的,如果善于利用通货膨胀和通货紧缩,好像还能从中获利呢……

比如呢,你想到了什么方法?

通货膨胀时尽量节约,大量存钱。

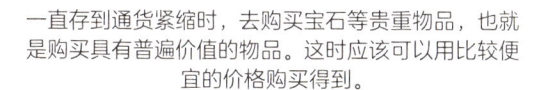

⬇

一直存到通货紧缩时,去购买宝石等贵重物品,也就是购买具有普遍价值的物品。这时应该可以用比较便宜的价格购买得到。

⬇

而到了通货膨胀时,再卖出去。要是能利用好这点,我想或许就能获得利润……

理论上确实如此。不过现实生活中通常很难如你所愿……

B 部分

故事　在哪儿买好？

01　种类繁多的价格设定

02　套利交易

专栏①　品牌商品的价值

故事

在哪儿买好？

"买什么好呢？呃……要不就买那个吧！"

皮埃尔用手指着那个可以放置两个小天使的台座。

"啊……这有点儿怪怪的吧。"克莱尔反驳道。

今天是爸妈结婚纪念日。克莱尔和皮埃尔正在选购礼物。

"上次去的那家电器店里的音箱呢，怎么样？音质很好，虽然有点儿贵，不过那个店里卖得还算便宜哦。"

033

故事：在哪儿买好？

"确实便宜，音质也挺好的。不过，为什么那家卖得便宜呢？"

"因为是开放价格呀。店铺可以自由决定销售价格。"

"哦……原来是这样啊。"

"那我们去吧，去之前先在这儿买一张CD怎么样？"

"好。这附近卖CD的有新星唱片和M&V，哪家便宜？"

"CD在哪儿都是一个价。因为这是再销售价格。"

"嗯？什么意思？"

"就是说只能按唱片公司设定好的价格售卖哦。"

"咦，但是网上的二手店，CD卖得很便宜哦。"

"因为那是二手的。新品不能便宜。书也是一样，必须按照定价卖。"

"这样啊，原来不管去哪家书店，书的价格都是一样呀！"

"对对。那我们去新星唱片吧！"

"啊？可是我更喜欢M&V呢……"

034

01 种类繁多的价格设定

店铺里商品的价格各有不同。这些价格由谁设定,又是怎么设定的呢?

定价方法

价格设定方法都有哪些?简单总结如下。

开放价格

零售商自行决定卖多少钱。现在,这种定价方法应用广泛。

◎家用电器、化妆品、农副产品等。

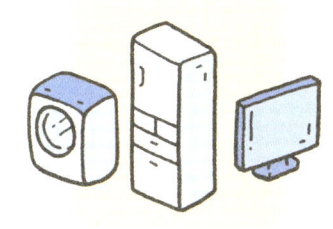

公共事业费

由国家或地方政府设定或认定。

◎水电费、燃气费、公立学校学费、火车票费用等。

再销售价格(定价)

零售商之间约定,商品按照预先制定的价格出售。原则上不能涨价或降价。

◎书、报纸、CD等。

小学六年级学生的认识和思考
【种类繁多的价格设定】

😊 =泉美智子　　😊 =12岁女孩

> 我以前一直以为价格都是商店自己定的呢，原来实际上有好多设定方法啊。

> 是的。我们可以对开放价格和再销售价格解释得再详细一些，如下所示。

开放价格

- 超市、药房、杂货铺、电器店、百货店等零售商自主定价。
- 是薄利多销，还是增加单价、厚利适销，由店铺自由决定。
- 生产者把货物销售给批发商，出货价格由生产者决定。
- 批发商或零售商按什么价格销售，生产者无权干涉。
- 零售商实行降价销售（大减价）的目的是吸引更多顾客光临本店，增加销售额。销售额＝价格 × 销售量。
- 通过夹在报纸里的广告宣传单、网上的大减价广告等，尽力吸引更多顾客。

再销售价格

- 按照"再销售规定"（维护正当再销售价格的规定），如出版社或唱片公司等制造商决定零售商的价格。
- 再销售价格适用对象包括书、杂志、报纸、音乐光盘（CD）等。
- 再销售价格的优点是销售额相对稳定。
- 比如，书店只按照出版社的定价出售书本即可。
- 因为无须自行定价，所以书店经营者或店长可以不用为定价而烦恼。
- 书本价格要通过阅读了解其具体内容后再决定价格，这对于繁忙的店长来说，实在是太难了。所以，书本由出版社事先定价，对书店来说也是难得的好事。
- 不过，这样一来，书本也就不再讲价了。

各有各的好处呢。

是啊。除这两种定价方式外,还有一种价格设定方法,叫"制造商建议零售价"。

这和开放价格有什么不同呢?

这是生产产品的制造商给零售商的建议价格,"希望按照这一价格销售"。

建议……所以,也可以不按照这一价格对吗?

是的。以前常是这样的定价方式,现在一般都采用开放价格。

因为量贩店是大量采购,很多时候都比小规模的零售商进货的价格低,所以它们可以在制造商建议零售价的基础上降价。

怪不得大规模的连锁量贩店卖的东西更便宜。

02 套利交易

套利交易的盈利方法

很久以前，盈利的基本方式是套利交易。那么，什么是套利交易呢？

套利交易，是指通过在价格低的地方购入、在价格高的地方卖出，取得盈利。这种行为也叫"赚取差价"。

在江户时代，就有一位靠套利交易挣下大钱的人物，名叫**纪伊国屋文左卫门**。他出生在气候温暖、盛产橘子的纪州（今和歌山县）地区。他在橘子价格便宜的纪州大量购买橘子，冒着风浪穿过太平洋，用船运送到橘子价格昂贵的江户售卖。

那时每到冬天，太平洋上惊涛骇浪不断，乘船往返江户危险重重。**这时，就会同时出现纪州的橘子卖不完、江户的橘子供给不足，价格猛涨的情况。**看到这些的文左卫门，做好了船只倾覆的心理准备，用船装载大量橘子远渡太平洋，运到江户，赚取巨额利润。靠着存在船只倾覆风险的套利交易，文左卫门获取了暴利。

以下是套利交易过程中的价格变化。

A 岛和 B 岛彼此隔海相邻。每个岛上都有一家卖梨的商贩。不过，A 岛 1 个梨 200 日元，而 B 岛 1 个梨却要 1000 日元。B 岛居民一旦知道了这点，肯定想买 A 岛的梨。

价格统一

B 岛

这时，商人看到了这个获取暴利的大好时机，立即前往 A 岛采购，然后再在 B 岛按稍高于 A 岛梨铺的价格卖出。这样，B 岛的卖梨商贩就不得不降价了。相反，A 岛的梨贩商业日益繁荣，还在考虑要不要继续涨价。

价格逐渐靠拢，最终统一。

B 岛

价格趋于统一。

价格不同的情况

如此循环往复，==A 岛和 B 岛梨的价格差额将逐渐缩小，价格持续靠拢，最终得到统一。==

不过，用船运送需要耗费成本，所以最后两个岛上梨的差价或许就只体现在这一部分吧。如果运输成本忽略不计，交易价格应该会持续不断地趋于统一。直到二者完全一致，这时也就没有必要从 B 岛赶往 A 岛买梨了。

我们都知道，福岛县产的桃子非常好吃。在原产地 300～400 日元一个的桃子，在消费潜力巨大的东京又卖多少钱呢？

我调查了附近的超市，发现虽然也分种类，不过大致是 1 个桃子 200～300 日元。在大量上市时期，价格还会再降一些，当然，品质好的桃子价格会再高一点儿。

为什么原产地的价格反倒更高呢？通过套利交易，原产地和东京的价格会趋于统一，即便如此，还是会出现东京价格便宜的现象吗？

这种现象确实会偶尔发生。因为和原产地福岛相比，东京售出的桃子数量要多出不知多少倍。比如，一些全日本知名的连锁大超市，通过签订种植协议和当地农民直接交易，进货价格就会非常低。

大城市竟然还可以比原产地更便宜？

产地直供
一个桃子 200 日元

近年来，随着运输和冷藏技术的发展，在东京也可以尝到几乎和原产地一样鲜美的生鲜鱼类。不过，因为运输成本增加，鲜鱼的价格可能会比北海道的还要高。

如果达不到一定的销售量，即便把生鲜鱼类从原产地直接运送到消费潜力巨大的地区，也不会有什么利润。比如鲷鱼、金枪鱼等，因为日本很多渔港都有大量卸货，销售情况和高知县的金钱仔鱼、冲绳县的沙丁鱼等特产鱼自然不同。在东京生鲜市场，通过竞买，特产鱼的价格会得到提高。

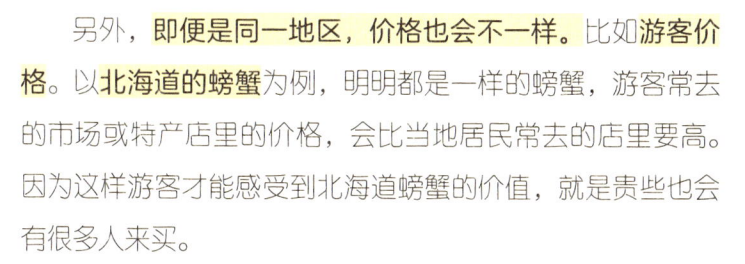

特产鱼的价格

另外，**即便是同一地区，价格也会不一样。**比如**游客价格**。以**北海道的螃蟹**为例，明明都是一样的螃蟹，游客常去的市场或特产店里的价格，会比当地居民常去的店里要高。因为这样游客才能感受到北海道螃蟹的价值，就是贵些也会有很多人来买。

诸如此类，还有很多套利交易不成立的情况。

小学六年级学生的认识和思考
【套利交易】

= 泉美智子　　=12 岁女孩

> 看来套利交易肯定能挣到钱呀。

> 自己生产的物品除外,其他商品销售的基本原则都是"低价买进,高价卖出"。

> 现在已经没有这种套利交易了,是吗?

> 可以这样说。不管是产地还是消费地,几乎都是一样的价格。当然,根据品质好坏,价格也会稍有不同。

> 也就是说,我们不能再像纪伊国屋文左卫门那样,通过套利交易赚钱了?

> 在投资领域,还有通过套利交易获得利润的说法,如果感兴趣,可以试着了解一下。

部分
原手稿展示

品牌商品的价值

【从奢侈品看货币结构】

市场中买家和卖家之间的平衡决定了价格。接下来，我们就从品牌商品的供给和消费者的需求来分析高端品牌商品。你是不是已经注意到了需求和供给曲线稍显异常的移动？

比如现在大家都在穿的T恤。刚开始T恤只是20世纪50年代美国电影演员马龙·白兰度在电影里的穿着，后来这种服装人气暴涨，很快就变成了年轻人的时尚。在日本同样如此，20世纪70年代，T恤作为年轻人的穿衣时尚被大家接受。简单来说，T恤价格从数千日元到数十万日元不等。比如，法国某高端品牌的T恤价格甚至超过数十万日元，实在让人瞠目结舌。如果咨询品牌制造商，我们会发现价格之所以昂贵，有如下几个理由：

1. 大多由巴黎工作室专业匠人手工制作；
2. 甄选纯棉等优质材料；
3. 在样式设计上，会有意区别于别家产品；
4. 商品的品牌价值；
5. 同一种样式的商品限量销售，使其保持稀有性。

话虽如此，品牌T恤的耐久性、舒适度和时尚感却并非就比别家好。花数万日元购买T恤，大多数人看中的是商标，这才是最重要的。人们看到名牌商标，就会产生"有钱人""讲究"的印象。也就是说，在衣服上花费重金的人，他们的目的之一是向他人炫耀。即大家对高端品牌艳羡的心理作用，作为"补偿"包含在了价格里。对于追求"差异化""稀有性"的买家来说，花费数万日元购买高端品牌T恤是值得的。

也就是说，不管是世界独此一件，还是用钻石来装饰，仍会有人来买这种所谓的T恤名品——和内衣最为贴近的T恤的价格确实耐人寻味。

实际上，在经济学家托斯丹·邦德·凡勃伦(Thorstein B Veblen, 1857—1929)的著作《有闲阶级论》中，就用到了19世纪美国富裕阶层中存在的"炫耀性消费"一词，形象地表现了正是因为贵才买的美国富裕阶层的行为方式。

在珠宝店里陈列的珠宝也是一样，大多数女性都会对价格昂贵的钻石趋之若鹜。虽然本来刚开采好的原石并没有那么贵重，但一旦作为珠宝饰品变成商品，就会成为宝石中的宝石，被定上一个高价格，摆放在展示橱窗里。

质地优良的原石，经过研磨、设计等，加上技艺高超的名家匠人的附加价值，再通过巧妙调整供给量，使其保持了"稀有性"，这些也是钻石价格持续居高不下的原因。

我的一个朋友，大学毕业没多久，就花了数十万日元买了个法国名牌包。正因为价格昂贵，所以平时用起来格外小心，一直用了很多年。"这个包包，我一直没用烦，还越用越顺手。"听了她的话，我甚至有些小小的感动——她应该算是充分享受到了品牌商品的真正优点。

"稀有性"提高了钻石的价格和价值

第 2 章

种类繁多的物品价格

A 部分

漫画② 如果空气变得稀缺

01 景色、空气和水的价格

02 丢垃圾的价格

专栏② 丢掉的巨额利息

漫画② **如果空气变得稀缺**

今天，一家人去爬山。

呼呼呼……

马上就要到山顶了。休息一下吧。

是啊。从这里开始就难爬了，先休息一下。

哇！

景色实在太美了！

简直价值100万日元！

不光景色美，空气也好啊！

没有呀。
这些物品本来就有价格吗？
真的呢！空气也价值100万日元！
呀……
这样说来，我觉得应该值100万美元才对……
我刚才这么说，
只是想表达一下空气有多棒。
因为空气之类供应很充足，所以价格会不断下降啊……
哇，原来如此！
别说价格了，这是免费的！
随便呼吸！
这种时候，
这个话题好像太难了……
这样啊，等一下，
所以……
之前在嬬恋村农场学过，如果物品供给太多，价格就会不断下降。

但是，要是去了太空，又会怎样呢？

将来，人们发现了其他适合人类居住的星球，那个星球空气稀少……

空气就会变成稀有物品。

是啊，空气变少了，是不是就要明码标价了呀？

为空气付钱？我不干！

该走啦！

01 景色、空气和水的价格

我们很容易认为景色、空气和水是免费的，果真如此吗？免费物品和收费物品有什么区别？

景色、空气，诸如此类并没有价格。我们只需花点儿去景区的电车费、公交车费等，便可以在任何时候欣赏喜欢的风景。也就是说，景色本身并没有价格。

这也有价格吗？

为什么空气是免费的？

空气呢？空气也不具备"稀有性"，所以也是免费的。像空气一样不具备稀有性的物品叫作"公共财产"。公共财产原则上是免费的。

不过，如果去了月球，别说空气稀少了，恐怕花再多钱也买不来。而超级新鲜的空气，连地球上也是稀缺的。

暑假去山林或者海滩游玩，是为了欣赏美景、呼吸新鲜空气。美丽的景色和新鲜的空气虽然稀有，却没有价格。不过，还是会有人花交通费和住宿费去山林或海滩游玩度假，这正是因为它的稀有性。因为稀有而被赋予价格的物品，叫作"商品"。

饮用水就是从公共财产转变成商品的一个例子。以前，在日本，河川水流并不稀少，而且很干净，可以直接饮用。大家都认为水作为公共财产可以一直免费使用，但随着工业废水和生活排水流入河川，流经城市的河水就不能饮用了。要是没有了饮用水，就无法生活下去。于是，人们开始挖井把地下水汲取上来。

水是公共财产吗？

另外，人口众多的城市还会设置自来水公司，铺设地下水管，由净水厂把净水提供给大家。水管不是免费的。使用水管的人们，必须向自来水公司支付水管费。**也就是说，铺设水管后，水就从公共财产变成了商品。**

现在，我们经常可以看到出售从大自然中采来的瓶装天然水。虽然比自来水贵，但购买瓶装水的人还是不在少数。

小学六年级学生的认识和思考
【 景色、空气和水的价格 】

=泉美智子　　=12岁女孩

连景色、空气和水的价格也能联想得到，观察得很细致呢。

这是重要的"自然财产"。既然提到"财产"，我就联想到了价格。在缺水地区，水资源显得格外重要，因为环境污染或过度开发，美丽景色和新鲜空气也在逐渐消失，成为比以前更为宝贵的财产。

在这个时代，要想让因为人类经济活动而逐渐消失的美丽大自然重新归来，是需要花费金钱和时间的。举一个我们身边的例子，以前我们并没有空气清新器或净水器之类的物品，所以可以这样说，如今，干净、健康的空气和水的价格确实是在持续上涨。

人类的生存离不开景色、空气和水，所以我们必须守护好我们的家园。

你很用心。还有类似废气、光化学烟雾等对身体有害的大气污染问题，等等，同样需要我们关注。我们应该怎样做才能让美丽的大自然重新回到我们身边？这些问题同样很重要。

02 丢垃圾的价格

丢垃圾需要多少钱？

现在有些地区对家庭垃圾回收已经开始收费。或是批量燃烧，或是集中处理，采用不会对空气或水资源造成污染的方式处理垃圾需要一定的费用。

比如，乱丢的塑料垃圾，一旦大量流入海里，就会造成严重的海洋污染。人们必须花费金钱来治理污染。所以说，垃圾并非免费，我们需要为丢垃圾买单。在日本，人们丢生活垃圾时，有义务使用地方政府指定的收费垃圾袋，这就是垃圾收费。

垃圾一直在持续增加。以前，垃圾通过大自然的力量被土壤吸收，成了植物的肥料。而到了20世纪，"大量生产、大量消费、大量废弃能给人们带来幸福"这一观念得到了普及，深入人心。大量废弃物增加了垃圾的产生。在工业化的帮助下，人们在20世纪确实实现了"社会富裕"。但同时，水、空气等大自然的馈赠却受到污染，产生了大量垃圾。

垃圾处理需要花费费用

055

大件垃圾的价格·以东京都新宿区为例

※日期为 2020 年 5 月

高 ↑

立体音响（迷你组合小音响除外，宽度为 80 厘米以上）	2,000 日元
沙发（3 人座）	2,000 日元
双层床	2,000 日元
跑步机	2,000 日元
烤箱、微波炉（燃气烤箱、微波炉）	1,200 日元
学习机	1,200 日元
梳妆台（高度为 700 厘米以上）	1,200 日元
被炉（最长边为 150 厘米以上）	1,200 日元
自行车（电动车）	1,200 日元
洗碗机（洗碗烘干机）	1,200 日元
打印机（高 30 厘米以上，30 千克以下）	1,200 日元
自行车	800 日元
微波炉	800 日元
面包机	400 日元
温水冲洗坐便器（智能马桶盖、淋浴马桶）	400 日元
花瓶	400 日元
键盘（电脑配件）	400 日元
吉他	400 日元
圣诞树	400 日元
垃圾箱	400 日元
行李箱	400 日元
电饭煲	400 日元
滑雪板	400 日元
吸尘器	400 日元
毛绒玩具	400 日元

↓ 低

如今，每个家庭每天产生的塑料垃圾都在持续增加，为了避免这些塑料垃圾顺着河水流入大海，造成海洋污染，必须批量燃烧，这也需要一笔费用。地方政府环卫局负责把集中起来的垃圾燃烧处理。**处理普通垃圾所需的费用是从地方政府的税收中扣取的。**

大件垃圾也是一样。自从制定"家电回收办法"后，**电视、空调、冰箱、洗衣机等大件垃圾必须付费，或者让电器店取走，或者拜托回收商回收处理。**以前的大件垃圾，只要在指定日丢掉，就会得到回收，而现在必须缴纳回收费用和搬运费用等。还能继续使用的物品通过回收再利用，就可以减少垃圾。因此，我们需要缴纳一定的处理费。

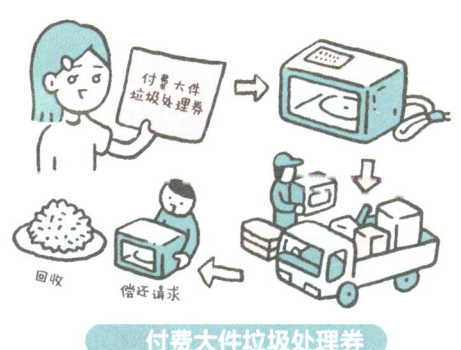

付费大件垃圾处理券

另外，带有"PC 回收标志"的电脑可以免费回收，因为回收费用原本已经在刚开始时就追加进电脑价格里了。"丢垃圾"属于市场"外部"行为，却也受到经济的影响，我们把这种行为叫作"外部效应"。例如，渔港附近建起了一家化工厂，它会向海中排放有害污水。当然，这些负面效应会影响到在渔港近海以打鱼为生的渔夫。

丢垃圾是外部不经济行为

我才不要管。

==化工厂给渔夫带来了负面经济影响，也可以说是产生了外部不经济效应。==

丢垃圾当然是外部不经济。人和企业的各种活动，都必然会产生垃圾。但又不想自己费时费力费钱地处理垃圾，直接丢掉又会给别人带来困扰。也就是说，制造垃圾的个人或企业会给周围的居民带来外部不经济效应。

而如果付费让相关部门对垃圾进行处理，就不会造成外部不经济效应了。这又叫作==垃圾处理内部化==。

请付费。

垃圾处理内部化

小学六年级学生的认识和思考
【 丢垃圾的价格 】

=泉美智子　　=12岁女孩

> 不管是在学校还是在家里，我丢的小件垃圾都是免费的，所以对丢垃圾还得付费并没有什么概念。

> 垃圾车收集扔掉的垃圾，运到环卫处理厂，按照可燃垃圾和不可燃垃圾分类处理。这个过程当然会产生费用，所以政府会通过扣税方式进行收费。

> 虽然不是直接付费，但随着垃圾量减少，付费金额也会随之下降，这一点是一样的。不过总觉得减少垃圾并不容易。

> 只要有人生活，就必然会产生垃圾。

> 垃圾污染环境，所以最重要的还是要从自我做起，每个人都要为减少垃圾而努力。曾在电视上看到有人把大量垃圾随手丢在高速公路停车场的垃圾箱周围。那里又不是垃圾场，却堆满了垃圾。

> 是啊，这时，道德就会变得相当重要。

> 大家要对自己丢的垃圾负责，我觉得还是得采取些措施才好，比如在丢垃圾时多多少少交点儿钱。

丢掉的巨额利息

【从食品浪费中看货币结构】

泉美智子

随着认识的提高，或许我们将来会被各种各样的"账单"包围。

如今日本人的生活状态，甚至可以说每天都在扔钱。在我以前任教的大学里，一个学生曾和我聊起过。

"我在便利店打工，每天都要扔掉成堆成堆卖剩下的便当、饭团、甜点等（日本环境省宣：全日本每天大约要扔掉1431506个便当）。每次听到这种消息我都会觉得太浪费了，想到世界上还有人每天生活费不足1美元，还有人忍饥挨饿……就会充满罪恶感。"

有人对家庭垃圾进行了调查，在检查了一个居民区中100袋家庭垃圾（约50个家庭）后发现，垃圾袋里完全没"碰"的食品占了

10%以上。买来的生鲜食品随手丢在电冰箱冷藏室里，直到过期，"连碰都没碰"就直接丢到了厨余垃圾袋里。做这项调查的老师对这一结果感到非常吃惊，直言这已经不是"饱食"，而是浪费食物了。

剩饭带来的社会损失额

日本有40%以上（按照热量计算）的食物依靠进口。而与此相对，一年内大约有646万吨食物明明还可以食用，却被丢到了垃圾桶。就拿孩子切身的生活来说，日本孩子每年在学校的剩饭剩菜就多达5万吨（日本环境省宣）。有些父母知道孩子挑食，会专门制作便当，这种情况可能孩子不会剩，但学校集体提供饭菜时，就会有不少孩子剩饭。

人们1天3顿饭，不管运动还是思考，都需要消耗能量。1克碳水化合物和1克蛋白质分别转化为4卡路里能量，1克脂肪可转化为8卡路里能量，如此这般，营养物质在体内得到转化消耗。通过这些能量消耗，我们可以走路、跑步，或者唱歌、说话。食材是满足人们生活所需必要的能量来源，要是被当作垃圾丢掉实在是有些浪费。

本来营养丰富的可贵食材却被当作垃圾燃烧，变成热能排放到大气中，岂不可惜。

谷物、蔬菜等最初是作为牛、猪、鸡等家畜饲料才种植的，后来人们发现其营养价值并不逊于家畜等肉类。还有海、河中的鱼，由大自然养育而成，同样富含蛋白质等营养。我们每天都会摄取这些营养均衡的食物。

如今，在日本，大家不用为食物担心。所以，才会有那么多人满不在乎地将剩饭剩菜或者没吃过的食物倒掉。但粮食不一定永远充足。气候变化也有可能造成谷物歉收。另外，预计50年后，非洲人口将加倍增长。如果这样，世界人口将会远远超过 100 亿（现在约 70 亿），地球或将遭遇规模性粮食不足危机。

追本溯源，在日本，粮食又叫"太阳的恩泽"。把食物当成垃圾扔掉实在是一种巨大的浪费。生产猪肉需要大量以玉米、大豆等为主的饲料。把这些换算成太阳能或金钱，会是相当大的一笔开销。要是把猪肉等食物当成垃圾扔掉，就等同于扔钱。牛肉、鸡肉也是如此。

总之，把食物当成垃圾，就相当于"扔钱"。这些被扔掉的钱会产生巨额利息，我们必须避免把这样的账单留给我们的下一代。

B 部分

故事　可以买时间吗?

01　时间有价格吗?

漫画③　宠物的生命

02　生命有价格吗?

03　器官有价格吗?

故事

可以买时间吗？

（思考气泡）可一想到万一迟到，就……

（思考气泡）打出租车是有些奢侈。

「啊，怎么办？马上就到8点半了！」

克莱尔的妈妈弗洛伦斯很快把家务活儿做完，抬头看了下表，吓了一跳。今天上午还有模特工作，换乘电车后从车站步行到拍摄地需要40分钟，集合时间是9点，即使现在马上出发也赶不上了。

这次拍摄有时间限制，又这么重要，可千万不能迟到。

「呃……没有办法，还是打车吧。这样肯定能赶上。」

弗洛伦斯急忙换好衣服冲出家门。走到附近路口，叫了辆出租车。

「师傅，目黑K摄影棚，多长时间能到？」

「目黑啊，大概20分钟吧。」

「太好了……那就拜托你了。」

出租车迅速出发了。

虽然花的钱比电车多出不少，但弗洛伦斯总归是顺利完成了摄影工作。要是迟到了，还有可能需要改天再约，能最终避免这种情况的发生实在是太好了。

弗洛伦斯觉得，这简直就像是通过出租车买到了时间一样。

时间有价格吗？

我们使用的"费用"一词，通常并不单指金钱。实际上，时间也是费用的一部分。那么，"购买时间"到底是什么意思？另外，我们在什么时候会使用"时间"这种"费用"呢？

买卖时间

"购买时间"是指什么？其实，我们并不能改变自己所拥有的时间。也就是说，**所谓"买卖时间"，是指通过花费金钱让有限的时间得到高效利用。即"时间和物品一样具有价格"**。所以，就有了"买卖时间"一说。接下来我们用两个例子进行说明。

"故事"中克莱尔的母亲弗洛伦斯要去摄影现场工作。眼看着时间来不及了，左右为难后她做了如下决定。

①花 20 分钟时间，乘坐出租车赶往现场，出租车费用是 1500 日元。

结果，当天早上，总算赶上了 9 点的集合。预定好的摄影得以顺利进行，下午 3 点准时回家。

同样的情况，如果弗洛伦斯放弃使用"花费 1500 日元 20 分钟即可到达的出租车"，而是选择了以下这种方法。

②花 40 分钟，乘坐电车去摄影现场。电车费用是 300 日元。

那么，就赶不上早上 9 点的集合时间了，预先约好的摄影无法顺利进行，因为推迟，最后 4 点 40 分才能回家。

这两种情况，到底分别有什么得失？

情况①，弗洛伦斯在交通费上有 1500 日元 − 300 日元 =1200 日元的损失，在时间上有 40 分钟 − 20 分钟 =20 分钟的得益。**即花费 1200 日元买了 20 分钟。**时间单价是 1 分钟 60 日元。

情况②，弗洛伦斯在交通费上有 1500 日元 − 300 日元 =1200 日元的得益，在时间上有 40 分钟 − 20 分钟 =20 分钟的损失。不仅如此，回家时间还晚了 1 小时 40 分钟，时间损失共

虽然电车费便宜……

要是坐电车，不仅会迟到，还会有更多代价……

计 120 分钟。**即花费 1200 日元买到了 120 分钟。**时间单价是 1 分钟 10 日元。买卖时间，不仅体现在交通工具的选择上，还有好多其他例子。

◎在鱼店买鱼

或许你会问，在鱼店买鱼为什么也会涉及时间买卖？当然，我们也可以不买鱼而选择自己钓鱼吃。之所以在鱼店买鱼，正是因为我们自己没时间钓鱼。比如，我们以每小时 1000 日元的小时工为例，比起花费时间自己去钓鱼，还是把这个时间花在普通工作上，**去鱼店买鱼来得划算。**

假如这个人花费 1 天时间出去钓鱼，即使钓到了 10 条鲹鱼，也为此花费了 12 个小时。

1000 日元（1 小时）× 12 小时 ÷ 10 条 =1200 日元（1 条鲹鱼）。

如此这般，还是在鱼店花 200 日元购买一条新鲜鲹鱼更加划算。

这样说并不意味着渔夫的时间单价就便宜。

时间同样包含费用。因为同样的时间，专业渔夫使用渔网打鱼，就不仅仅是 100 条、200 条了，而是大量地捕鱼。

◎ **在蔬菜店或超市购买蔬菜**

同理，有些人没有用来栽种蔬菜的土地和时间，他们选择购买蔬菜。如果他们从事的工作不是农业，那么，还是去蔬菜店或超市购买蔬菜更加便宜。

时间同样包含费用

有这样一个词汇，叫"分工"。我们的生活必需品，并不需要我们每个人亲自制作。渔夫、鱼贩、菜农、菜贩、木匠等各行各业专职人员通过分工劳作，便可以向大家提供既便宜又优质的物品。

谈到时间价格，我们不能忘了这点：我们要考虑的不是省了多少钱，而是花费多少时间省下多少钱。

比如，在东京卖 10 万日元的包，虽说在巴黎 5 万日元就可以买到，但考虑到往返东京和巴黎的时间、交通费，也应该不会有人只为买个包就专门去趟巴黎。虽然这是个极端例子，但在判断是否经济实惠时，我们很容易忘记时间费用，这需要格外留意。

原本是受损了，我们却没留意到，还以为占了便宜，这是最可怕的。

还有最后一点：在日常生活中我们要谨记"自己的时间价格"。

比如，有这样两位歌手。其中一位人气超高，另一位人气平平。他们要分别在全国巡回演出，选用什么方式更为合适呢？

人气超高的那位现场演出时观众很多，所以需要预备一个大演出厅。而另一位没这么大排场的歌手，现场演出时观众不多，演出厅座席只需有人气超高歌手演出厅的十分之一即可。当然，售票方面也应该会有10倍以上的差额。

人气超高的歌手日程安排得紧，通常选用飞机、新干线、出租车等交通工具。而人气平平的歌手日程安排宽松，电车、公交车、面包车等交通工具就足够满足出行需求。

因为两位歌手在人气上差别巨大，自然就会生出观众量（售票额）的巨大差别来。最终结果是，两位歌手的时间价格也会有很多倍的差额。

小学六年级学生的认识和思考
【时间有价格吗】

😐 =泉美智子　　😺 =12岁女孩

> 因为我现在还是个孩子,不像工作的大人那样时间紧迫。不过,每次考试前,仍然会和时间赛跑。

> 考试前,大家都想争取到更多时间。和时间赛跑,你取得胜利了吗?

> 败得一塌糊涂……所以呀,我常想,要是能买到时间,就算是要动用我的零花钱,我也愿意!

> 比如,价格多少就会购买呢?

> 1 小时 100 日元或 200 日元……不过,这也只是在考试前,如果只是为了自己休闲自在,我并不想为此买单(休息时间已经足够多了)。

> 要是换作大人,想要购买时间用来休息或自由支配的,还是大有人在的。

我以前在网上看到过这样的报道，你会花多少钱来买1个小时的"可处理时间"（自由支配时间）？采访了400名公司职员后，得出的结果是2497日元。虽然这是很早之前的调查了，不过，我还是特别吃惊。

如果购买10个小时就需要大概25000日元。这对孩子来说，确实是一笔大钱。

在我看来，这实在是有点儿浪费。我还试着问了下爸妈，结果他们说就是再贵点儿也想买。大人的想法果然和孩子的不一样……

要是采访更多的大人，或许你会发现事情很有趣。

无论如何，对大多数大人来说，"Time is money"（时间就是金钱）。我也要向他们看齐，尽可能有效地利用时间，好好生活。

时间就是金钱！

漫画③ 宠物的生命

今天，我和好朋友叶月一起去养了小狗的朋友的家里玩。

以前去玩的时候，觉得狗狗超级可爱！

哇……在那儿呢，在那儿呢！

太好了！！

久等了！

呀……我就不客套了，直奔主题，这个小狗是……

它叫"波波"哦。

可爱吧。

奈津美！难得你俩大老远赶来呀。

真的，好可爱呀！

这是鞋吗？

小狗也穿鞋吗？

哇哦！

夏天地面很烫，都是穿上这个走路哦。

072

照顾得很细心呢。
打扰了……
欢迎！很热吧，我这就倒果汁。
谢谢！
咦，奈津美，
这张照片上的宠物是？
嗯……这是我们以前养的小狗。
在波波之前，我们养过一只腊肠犬，
不过后来死了……
这样啊……
咕嘟

嗯？
原来奈津美以前就养过小狗啊。
我还不知道呢。
哇，是吗？
那个……我以前养过一只小仓鼠。
宠物好可爱呀！
是啊。
是这样的，不过它已经死了……
那还是我上幼儿园时候的事，让我大哭了一场。
“小小”，我这样叫它。听到我呼唤它，它就会跑到我跟前来。
可那次不管我怎么哭着大声喊，它也没有从小屋里出来……
我……有点儿害怕……
克莱尔，没关系！你很坚强的！
不过，
我确实有点儿太脆弱了……
这些故事不管听多少次，
到真轮到自己的时候，
恐怕还是……我还没想到过分别……

她竟然这样说。

我提到小小死了的事，

当时和我的好朋友走在从公园回来的路上，

也不贵，以后还可以再买一只。

那个仓鼠不就是打折时600日元买的吗？

不过，那时我开始想，

要打起精神呀！

她一边砰砰地拍着我的肩膀，一边安慰我。我却一下躲开，跑了出去。

小小也可以标价出售吗？

就因为那句话，我对她说了"绝交"！

直到现在也不能原谅！

那时，我攒了一点儿零花钱，拿着去宠物店。
兴高采烈地买下打折出售的小仓鼠。
但是，对我来说，
小小是没有价格的。
我相信，**生命一定是无价的。**
不过，
这也是我回到家里大哭了一场后才想到的。
就是再伤心，也改变不了什么了。
好多书上的主人公浮现在我脑海，
我也要像他们一样坚强起来，
后来我好不容易才缓了过来。
叶月和奈津美都……

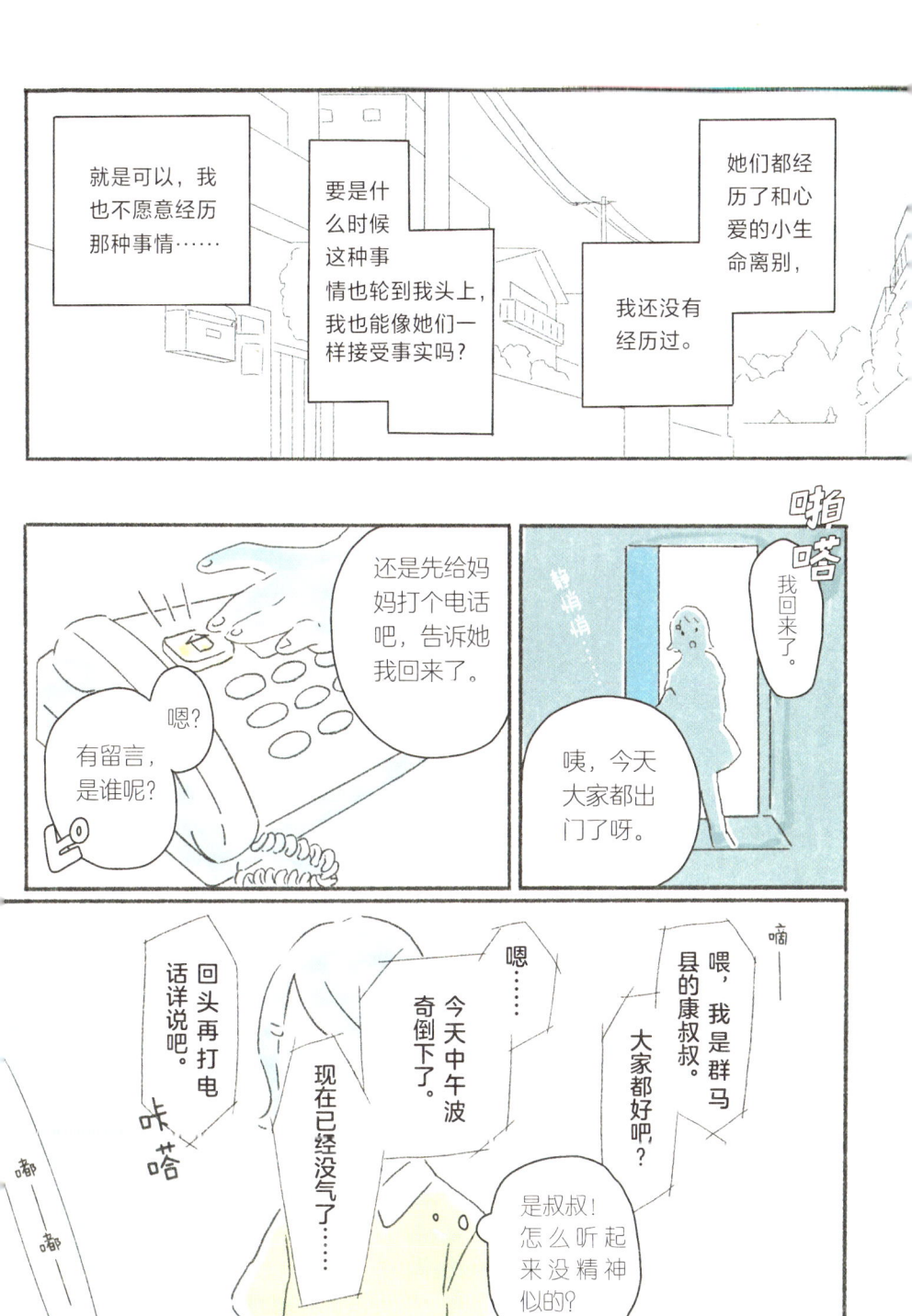

就是可以，我也不愿意经历那种事情……

要是什么时候这种事情也轮到我头上，我也能像她们一样接受事实吗？

她们都经历了和心爱的小生命离别，

我还没有经历过。

我回来了。

咦，今天大家都出门了呀。

还是先给妈妈打个电话吧，告诉她我回来了。

嗯？有留言，是谁呢？

喂，我是群马县的康叔叔。大家都好吧？

今天中午波奇倒下了。

嗯……

现在已经没气了……

回头再打电话详说吧。

是叔叔！怎么听起来没精神似的？

"没气了！"

撒谎！

撒谎，撒谎，在撒谎。

但愿这是叔叔

但这确实是事实。

要接受这一事实需要坚强的内心，看来我还是不行……

因为，我觉得波奇明明还活着……

咔嗒

丁零零

喂——

怎么办？怎么办？

对，还是告诉哥哥吧。

喂，哥哥吗？

是克莱尔啊，怎么了？

叔叔给我们留言了……

叔叔？有什么事？

怎么了，克莱尔，怎么听着你声音……

算了，没事，快点回来吧。

咔嗒
呜
克莱尔……
呃……
你打电话问下叔叔吧，
问问波奇怎么了。
都怪我不好……
别那样说！
可是……
离别最终还是来了……
什么？不可能！
这……我也很难受！！

说真的,我也想哭!

对不起……我只考虑自己的感受……

不用道歉!该说对不起的是我。

那天晚上,我没有睡着,

也就是在那天,我才终于明白,生命的重大价值……是价格无法衡量的。

虽然难过,却是非常宝贵的一天。

生命有价格吗？

给生命定价

谈到物品有没有价格，首先浮现在我脑海的是生命的价格。生命，应该非常宝贵。但是，如果给宝贵的生命标上价格，又会是什么样子呢？

每个人都有生命。10个人就有10条生命。如果随便向一个人提问，朋友A和朋友B谁的生命更加重要，得到的回答肯定是"都重要"。如果再接着问："都重要，是指朋友A和朋友B生命的价格相同吗？"我想对方肯定会茫然不知所云。因为在日常生活中，我们压根儿就没考虑过"给生命定价"这件事。不过，在这个世界上，给生命定价却理所当然地存在着。

我们以**生命保险**为例。生命保险有很多种。包括伤病时得到金钱赔付，或者患有癌症后得到的治疗费等。其中，"死亡保险"是指如果缴纳了合同所定金额的保险费用，在丧失生命时，会把事先约定的保险金支付给指定的受益人。也就是说，如果此时得到的保险金是1亿日元，这1亿日元就可以解释为"已丧失的生命价格"。

再加上每月缴纳的保险费用总和，大约也是1亿日元，保险金就应该是大约2亿日元。如此，有些富豪就会缴纳高额保险费，这样就可以抬高自己生命的价格了。不过，这只是举了保险金这一个例子来衡量生命的价格。**另一个例子是交通事故造成死亡时的赔偿金。**

这种赔偿金是指葬礼费用＋抚慰金＋如果继续在世所得利益（逸失利益）的合计。慰问金和逸失利益按照基本标准计算。虽然也受到收入水平、抚养家人数目和年龄影响而上下波动，但大体上是2万～3万日元的市场行情。这些支付给被害人的赔偿金，就成了被害人的"生命价格"。

为了让损失赔偿制度成立，只能单纯依靠"生命价格"计算方法。

葬礼费用 ＋ 抚慰金 ＋ 如果继续在世所得利益（逸失利益）

生命保险和赔偿金额因人而异

小学六年级学生的认识和思考
【生命有价格吗】

=泉美智子　　=12岁女孩

> 给生命定价这样的事确实有些过分。但是，想到如果真的定了价将会是什么样子，又觉得挺好奇的。

> 重要的是对发现的小事进行调查和思考。

> 比如，以宠物为例，因为存在交易，所以价格就是它们的价值吧。

> 确实，小猫、小狗、金鱼之类的宠物都有定价。

> 不过，流浪狗、流浪猫呢？我可不愿意这样去想：因为免费，所以它们的生命没有价格……

> 除了生命的价格和价值，店里售卖的宠物还需要食物费、维持费、疫苗费等。可以说，这些也都有价格。

还有人类，这让我联想到了买卖人口的故事。很恐怖，人就像宠物一样被买卖。那时，买卖的价格或许就是那个人的价值……

以前曾经有过买卖奴隶的时代。近年来，在世界各地，还报道过由劳动力、纷争、违法移植内脏器官等引起的买卖人口问题。当然，人口买卖是违法行为，这种定价方式并不可取……

这个问题很难考虑，虽说存在动物或人被遗弃或者标价售卖的情况，但我们并不想把这种价格默认为他的价值。

是啊。比如，有些人会收养流浪猫，这些人就是感受到了生命的价值。还以交通事故赔偿金为例，对任何死亡者的家属来说，得到再多"生命价格"的金钱，也等同不了失去的亲人的价值吧。

即便给生命定价，也不能像商品一样体现它本身的价值。因为大家本来就对给生命定价抱有抵触心理，认为这违反了生命的尊严。

是的，所有生物具有的价值，都不是价格所能完全衡量的。

03 器官有价格吗？

器官有价格吗？器官是人生存之必需，有着不同分工，是生命的一部分。器官之所以和金钱挂钩，是因为存在"移植"现象。那么，器官和价格之间到底有着什么关系？

器官移植

除肾脏是两个之外，其他大部分器官都只有一个，所以，我们并不能把器官从活人身上全部取出，移植到别人身上。虽然实际上也有从健康的活人身上取出器官的"活体肾脏移植"情况，但大部分只限于亲人或配偶作为捐献者（提供者）。

日本原本只允许**心脏停止跳动后的肾脏移植**，不过，在 1997 年，重新制定了**器官移植法**。捐献者本人接受医生的脑死亡判断（由脑死亡判断死亡）后，在得到家人许可的情况下，**不仅限于肾脏，还包括心脏、肝脏等在内的其他器官均可以进行移植**。这些器官将提供给排号等待移植器官的患者。

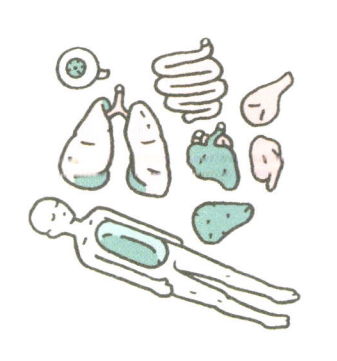

不过前提是，捐献者本人必须以书面形式表达"自己因事故死亡或者不治身亡时，捐献自己所有器官"的意愿。

器官移植法于 2010 年重新修订，即便本人没有表达脑死亡后捐赠器官意愿，只要经由家人同意，也可以进行移植。这样一来，在日本，器官移植的案例较之以前有所增加。另外，用来移植的器官是出于人们的好意捐赠，不能据此给器官定价进行买卖。接受移植手术的患者也无须支付器官费用。

尽管如此，仍然存在给器官定价的情况，即器官买卖。本来，相对于器官需求（移植等待者），供给（提供者）是少数，器官属于稀有物品。因此，世界上很多地方都存在通过售卖器官获取巨额利益的黑市。这是违法行为。

过去，日本也存在违法买卖器官案例，所以这些话题离我们并不遥远。

黑市

和外国相比，日本捐赠者人数极少，很多情况下，等待器官移植的患者都需要漫长岁月的等待。原因是人们不认可脑死亡，只有心脏停止跳动才算真正的死亡的想法根深蒂固。

因此，不少患者远渡重洋，去往捐赠者较多的美国，排号等待器官移植。不过，那里的医疗费用远远高于日本。**再加上美国的高额手续费、长期等待过程中的住院费、家人生活费等**，便大致可以估算出器官移植的价格——"器官价格"了。

小学六年级学生的认识和思考
【器官有价格吗】

👧 =泉美智子　　👧 =12岁女孩

> 人们活着，必须要有器官，器官是生命的一部分。但是，听说在某些国家还有违法买卖器官的行为。

> 确实听说过有人把本来是生命一部分的器官标价，暗中买卖。

> 虽然听起来很吓人，不过想到这样做却也拯救了另一些人的生命……心中真是五味杂陈。即使这是真的，我也无法相信竟然还会有人出卖活人器官。把生命的一部分强行夺走，进行金钱交易，我并不觉得这是什么好事。

> 关于器官移植，各个国家有各自不同的认识和规定。违法买卖不可取。

> 我还听说有些患者在日本迟迟等不到器官，于是远渡美国进行移植手术。费用高达几亿日元，就是募捐也根本凑不够……

救人性命有时需要高额资金，许多患者就算负债累累也想挽回生命。

在黑市违法买卖器官、牺牲其他人的器官……当我试着调查这些给生命或者器官定价的行为时，我发现，这不仅关乎价格，还牵涉其他问题。

在日本，如今凭保险证、驾照、个人编号卡等就可以表达捐献自己器官的意愿。

即使我已经是脑死亡状态，对给别人提供器官仍有些抵触……虽然有些难为情，但这是我的真实想法。

以后你可以继续关注这些问题，等你长大后或许想法也会随之改变。

是的，要是大家能积极成为捐赠者，献上自己的微薄之力可以救助更多的生命就好了。

C 部分

01　世界物价

专栏③　每天生活费不到 1 美元的发展中国家的孩子

世界物价

比较日本物价和世界物价

世界上有许多国家，每个国家的物价都不一样，让我们把日本物价放在整个世界和其他国家比较一下吧。

世界各国都有各自特有的流通货币。美元、欧元、英镑、人民币、韩元、泰铢、日元，等等。在日本，几乎所有的物品价格都用日元表示。在美国则用美元。

假设在日本，一打（12 支）普通铅笔标价 440 日元。在美国，同样一打铅笔售价 5 美元。哪个便宜，哪个贵？单靠这些并不能比较出来。那么，440 日元换算成美元又是多少呢？1 美元相当于多少日元呢？美元与日元兑换（外汇）汇率每天都在变动。假设 1 美元 =110 日元，那么，440 日元就是 4 美元。在日本购买一打铅笔（440 日元）的花费换算成美元就是 4 美元，所以，在美国售价为 5 美元的铅笔比日本的贵了 25%。

各国流通货币的价值都用美元表现。 原因是美元作为各国流通货币的价值标准——基准货币，得到了国际上的普遍认可。因此，只需把使用本国流通货币标注的价格换算成美元，就能比较各国物价了。

我比较了几种不同的物价，如下表所示。

据说，在整个世界范围内，日本麦当劳的价格相当便宜。观察下表中的麦当劳巨无霸的价格，可以发现大多数国家都比日本贵。其中，比日本便宜的只有中国。

各国物价比较（公益财团法人国际金融信息中心调查，2018年）

	麦当劳巨无霸	牛奶	西红柿	啤酒	公交车
东京	100	100	100	100	100
新加坡市	125.4	122.6	30.8	125.3	40.1
布鲁塞尔	136.7	105	43.7	76.6	154.8
华盛顿	144.3	61	82.3	63.9	101.5
圣保罗	141.2	46.2	22.9	43.2	62.1
上海	88.5	114.4	21.6	39.8	16.4

※ 以东京价格（100）为基准的指数比较。

近年来，新加坡的物价虽然持续上涨，但西红柿和公交车的价格仍不及在东京价格的一半。可见，高价和低价物品之间存在较大差额。在新加坡，1盒烟大约1000日元，不过这也和新加坡的国家政策有关。而啤酒、白酒由于税金较高，甚至比日本销售的价格还要贵。

如此，在和其他国家比较物价孰高孰低时，要在以下多种因素的基础上进行考虑：各国的<u>消费税等税金</u>不同；<u>各国流通货币的价值（兑换汇率）</u>时刻都在变化；另外，还有像新加坡香烟案例中所示的<u>不同国情</u>等也需要考虑。

虽然没有列入表中，但**纸巾也可以作为说明日本物品比海外便宜的案例**。在对销往世界各地的舒洁纸巾调查※中发现，1盒（2层）纸巾的价格（换算成日元），美国是1.11日元，法国是1.77日元，英国3层装是3.7日元，而日本是0.31日元，明显便宜了很多。

在日本，有时还会免费分发纸巾，而纸巾在欧洲却成了昂贵物品。对于随意使用纸巾的人来说，如果他们知道这在海外竟然是奢侈品，应该感到很意外吧。法国人不怎么用纸巾，大多数人用手帕擤鼻涕，这也是因为纸巾太贵了。最后还会发生"不怎么使用→价格高→更加不怎么使用"的连锁反应。

纸巾便宜的国家

另外，在国外购买物品，当然要考虑**日元汇率的高低**。

日元汇率高是指日元升值。如果1美元=120日元变成了1美元=90日元，那么，使用日元计算在美国的住宿费、餐饮费等旅行费用，就会便宜25%之多。

日元汇率低是指日元贬值。如果1美元=90日元变成了1美元=120日元，那么，把在美国的住宿费等各种费用换算成日元时，反过来又会贵出好多。事先查好日元与美元的兑换汇率，在汇率高时去海外旅行较为理想。

※Planet有限责任公司调查（2015年）。

小学六年级学生的认识和思考
【世界物价】

(泉美智子) = 泉美智子　　(12岁女孩) = 12 岁女孩

> 不同的国家，物价、流通货币价值也各不相同。去海外后，我们有时会吃惊地发现有些物品特别便宜，有时又会困惑为什么有些物品那么贵。

> 有次去海外旅行，我买了个冰激凌，换算成日元发现只有 30 日元，这让我大吃一惊。可更让我大吃一惊的是，如果买 2 个，只需 50 日元。

> 就像刚才所举的纸巾案例，去海外时，留心观察下世界各地按照同等品质制作、同一家制造商、同一家连锁店的物品，各自售价多少，你会发现很有趣。

> 我能买到的物品有零食、饮料等。另外，我对电影票价格也比较留意。

> 很好嘛。比较其他国家物价时也可以参照多个条件进行分析，不过，我们可以先不用考虑得那么复杂，只需要了解同一种物品售价多少、比日本便宜还是贵，并从中发现乐趣即可。

> 是的。还有，日元汇率高时去物价便宜的国家，感受一下做富豪是个什么心情，好像也很有趣。

部分原手稿
展示

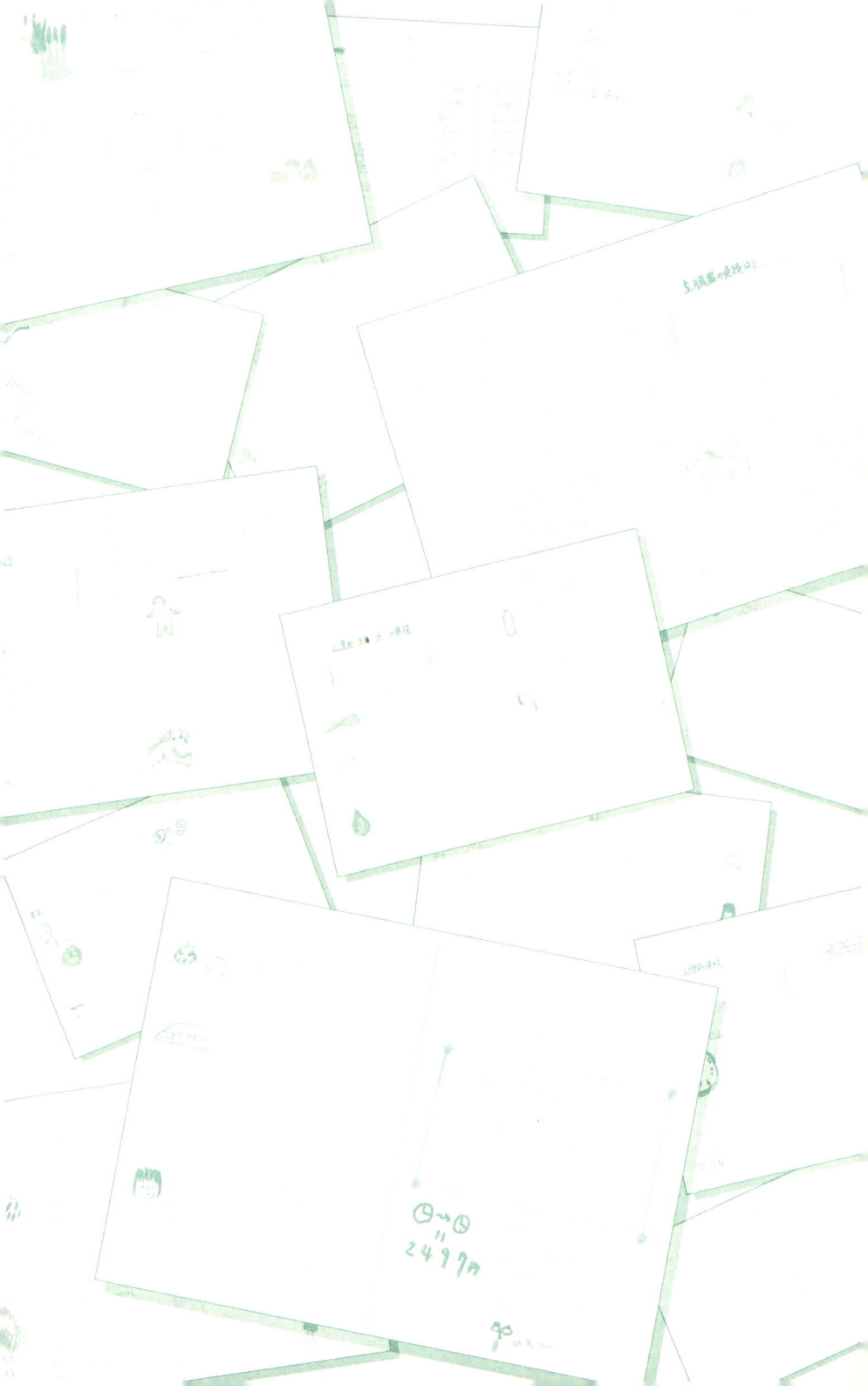

每天生活费不到1美元的发展中国家的孩子

【从巧克力看货币结构】

文 泉美智子

通过调查世界物价，就能看出各国经济实力的差距。不同国家，不同地区，经济发展水平也各不相同。

有这样一个词汇，叫"fair trade（公平贸易）"。"fair"是"公平"的英语说法，"trade"是交易、交换、贸易等意思。"fair trade"是指和发展中国家进行原材料、产品贸易时，通过正当价格实现可持续发展。另外，还有"政府开发援助（ODA）"一说，指的是发达国家政府赠予发展中国家政府资金，或者通过低利率融资等方式援助发展中国家。而公平贸易不是政府之间的援助，它是发达国家的民间企业以适当价格进口发展中国家的产品，从而支持发展中国家生产者和劳动者的生活，帮助其实现自立。

我们平时购买的日常用品——虽然我们并没有怎么意识到——大多数是发展中国家生产的。不过，从另几个角度来看，非洲某些发展中国家的劳动者会在低报酬的情况下，为了生存拼命工作。为了增加哪怕一丁点儿的家庭收入，甚至从小时候起就从事长时间的劳动，失去了接受教育的机会，是这些可怜的孩子为我们制作了生活中不可或缺的物品。

可可豆农家贫困问题

买巧克力时，你选择的标准是什么？价格、包装、味道、制造商……或许每个人都不相同。

巧克力的原料是可可豆，70%的可可豆产自非洲西部。其中，科特迪瓦和加纳的可可豆产量分别列居世界第一和第二，我们就以这两个国家为例进行介绍。

在可可豆生产地，可可豆栽种大多以小农户家庭为单位。小规模农户不愿花钱雇用成年劳动者，而是主要依靠难得的免费劳动力——孩子。作为劳动力不足的主要供给源，可可豆农家会接收其他更加贫困家庭的孩子，只需支付少量费用，平时管三顿饭，也不用开什么工资，便可以把繁重的劳动交给这些孩子。虽然这在科特迪瓦和加纳明令禁止，但是对于为生活所迫的极度贫困家庭来说，除了把孩子卖给可可豆农家，再也找不到其他维持生活的方法了。

在可可豆农家劳动的孩子，从来没尝过巧克力的美味。

对于在可可豆农家劳动的孩子们来说，可可豆公平贸易是他们吃到营养高的美味饭菜必不可少的条件。

1990年以来，全球化（全球一体化）发展，人们考虑各种问题都需要全球视野。当我们品尝巧克力时，我们也应该想到可可豆的产地和非洲西部的儿童劳动力，我们需要这种全球性的广阔视野。

情人节给男性赠送巧克力礼物时，真心希望不管是送礼物的女性，还是收礼物的男性，都能想起公平贸易，想起非洲西部可可豆农家被苛以繁重劳动的贫苦孩子们。

在可可豆农家劳动的孩子（加纳）

第3章

劳动的价格

漫画④　想找人替自己做家务的妈妈

01　家务劳动的价格

02　世界工资

专栏④　便宜东西的背后另有隐情

神乐家的一天
嗞
嗞
嗞
咔嗒
啪嗒
啪嗒
嘀
咕咕
咚咚
嘀
嘀
嘀
嘀
嘀
嘀
嘀
叮
嗯！
OK！
你俩把这些端过去。
好！
能想象出来爸爸做家务是个什么水平。
哎哟！
真是太忙啦，
有这么多家务，孩子爸，你替我做吧？
嗯？
好啊。
洗碗
哐当
咔啦啦
做饭
乱七八糟
洗衣服
千万不要！

不，不过……
那个……还是妈妈做饭好吃……
要是吃不下去饭了，可怎么办？
是吗？
这样说，没办法，还是我来做吧。
终于松了口气！
唉，
要是做家务也能挣钱就好了。
这个……得多少？
咔嗒
我还是先送碗吧。
1个月（30日）
120个小时 =
家务
家务
家务
这个嘛……
1天算4个小时，1个月就是120个小时，
每小时工资按1500日元吧！
也就是……
18万日元！

家务劳动的价格

家务劳动的价值

家人做家务劳动，都是免费的。不过，虽说妈妈或者爸爸做家务是免费的，但当我们请人打扫卫生，或者请保姆照顾小孩时，又必须支付工资。

在家里，必须有人做家务。虽然特别琐碎繁重，却拿不到工资（报酬）。因为这属于家庭分内劳动，大家会觉得这是理所应当的，我却觉得有些不公平。在家外（公司）工作和在家里工作有如此大的差别吗？

所以，**家务也应该有价格**。话虽如此，在家里，不管谁做家务，都没领过工资。

做家务每小时多少钱？

如果没有人做家务该怎么办？吃饭只能在便利店、超市买便当，或者去外面的餐厅解决；洗衣服只能找洗衣店……这样想想，好像也是一笔不小的开销。也就是说，虽然做家务是免费劳动，但负责做家务的家人一旦罢工，就会多出好多花销。

日本的男性做家务和育儿的平均时间为 1 天 83 分钟，与其他发达国家相比处于低水平（2016 年日本总务省调查）。

另一种说法是"**家务劳动并不是免费的**"。在内阁府对"无偿劳动的货币评价"调查中，把家务劳动也列入其中，并给出了家务的价格。推算价格的办法是调查家务劳动所需时间，按照小时计算出家务劳动的工资。

在 2018 年的调查中，日本的家务计时工资大约是 1450 日元。这个金额是根据**机会成本**计算的。假设没有家务，那么，负责做家务的家人就可以在外面工作，这时挣得的工资便可作为家务的计时工资。当社会平均计时工资上涨，家务计时工资也会随之上涨，反之亦然。

2016 年，女性 1 年中用于做家务的平均时间是 1313 个小时，乘以计时工资，**年薪就是大约 190 万日元**。假如有些专职家庭主妇 1 天要做 10 个小时家务，1 年有 365 天，她们的年收入就相当于同等价值的工作。

此外，还有一种叫**"代替费用法"**的计算方法。指的是假设诸如打扫卫生、洗衣服等家务自己不干，而是交给别人去做，孩子也交给保姆照顾，这时，**应该给这些人支付多少工资**，由此来计算家务劳动的价格。

计时工资 1450 日元 × 3650 个小时 = 5292500 日元

除此以外，还有其他计算家务劳动价格的方法。我们可以从多个角度认识家务的价值。

和家务一样，本来是社会的必要劳动，却得不到报酬，这些劳动被澳大利亚哲学家命名为"shadow work（影子工作）"。

家务是影子工作

影子工作不仅包括家务，还有义务劳动（志愿活动）等不参与市场交易的劳动。志愿者没有工资，是因为志愿者通过义务劳动感受人生的意义，而并非为了得到报酬。

本来，**为了取得报酬或者为了特定个人、团体、社会而工作的都不属于"shadow worker（影子工作者）"**。而那些为了帮助受灾群众自愿前去工作的，或是通过应聘从事救灾工作的，都不属于影子工作者。通过应聘得到工作的都会有工资，也就是说因为这些工作经由市场交易，所以不属于影子工作者。

家务劳动是有价值的劳动。我们所有家庭成员都受惠于这些劳动。其中任何家庭成员为我们做家务，都会在我们的生活中起到莫大作用。

就像志愿者牺牲自己的时间为社会做义务劳动一样，做家务也是为了家庭幸福才会每天辛苦地无偿劳动。这种影子工作说法，现在已经扩展到没有正当获得工资或报酬的劳动活动中，又叫作"unpaid work（无偿劳动）"。

> 重要的是家庭成员一起同心协力！

= 泉美智子 = 12岁女孩

> 做家务很辛苦，却没有工资。总觉得既然是家里的事，就是理所当然，其实家务劳动相当繁重。

> 虽然把家务归类为"无偿劳动"，但在欧美，从很早以前就开始试着推算家务的价值了。在日本也用了几种方法进行推算。

> 要是越来越多的人认为家务不是免费劳动就好了。因为如果谁也不做家务，我们就无法生活。

> 不管是做家务的一方，还是接受服务的一方，家庭成员之间虽然不至于谈到"靠这个挣工资"，但至少也要理解：如果在公司工作，会有同等价值。只有这样，"为我做家务是理所当然"的认识才会变得淡薄。不要认为这是"理所当然"，而是要给对方道一声"谢谢"，这也是一种报酬。

> 对于每个家庭成员来说，家务都是非常重要的工作。并且，做家务也表达了我们对家人的爱和关怀，是非常重要的劳动。

> 通过做家务，我们还可以学到很多东西。这是一个不用交学费就能学到本领的大好机会，所以，还是多多帮忙做家务吧。

世界工资

世界工资的差别

几乎所有人长大后都要工作、挣工资、谋取生活。不过,由于国家、地区不同,即使一样的工作,得到的工资也不一样。这到底有多大差别呢?

OECD(经济合作与发展组织)公布了 **35 个加盟国的最低工资水平**。根据 2018 年的数据显示,最高的是澳大利亚,折合成日元后计时工资是 1331 日元。**日本约 891 日元,名列 11**,排名最后的墨西哥约为 121 日元。

虽然在发达国家中日本排名最低,但在亚洲又成了工资最高的国家。 不过,不同国家的物价、生活费等各不相同,医疗保险、教育费用、税金等也不一样,所以,不能靠单纯比较工资就得出"澳大利亚计时工资高,是富裕国家""墨西哥计时工资低,是贫穷国家"的结论。

当今全球化发展,许多企业把工厂转移到低成本国家。比如,某服装公司在日本和墨西哥都有工厂。假设日本人和墨西哥人能力相当,每人用 1 个小时时间都能做好 1 件 T 恤。这种情况下,制作 1 件 T 恤,在日本要花费 891 日元的劳务费,而在墨西哥只需 121 日元。二者相差 7 倍之多,如果是批量制作,那么即便花费运输费也是在墨西哥制作更加便宜。

另一个调查是"买个巨无霸，需要工作多长时间？"以这些数据为基础比较不同国家的工资差别。之所以选择麦当劳巨无霸，是因为在整个世界，售卖的巨无霸都是同等品质、一样大小，容易比较。

从麦当劳巨无霸看世界工资

OECD 加盟国最低工资排名（2018 年）

第 1 位	澳大利亚	约 1331 日元
第 2 位	卢森堡	约 1298 日元
第 3 位	法国	约 1265 日元
第 4 位	德国	约 1199 日元
第 5 位	荷兰	约 1144 日元
第 11 位	日本	约 891 日元
第 12 位	韩国	约 869 日元
第 34 位	巴西	约 242 日元
第 35 位	墨西哥	约 121 日元

※ 计时工资按照 1 美元等于 110 日元的汇率换算
※ OECD 调查。

购买 1 个麦当劳巨无霸所需要的劳动时间

澳大利亚	18 分钟
法国	22 分钟
新西兰	22 分钟
日本（东京）	25 分钟
印度	6 小时
塞拉利昂	136 小时

※ 2013 年 UBS 银行调查。

买 1 个巨无霸，需要工作多长时间？

据 2013 年的调查显示，澳大利亚需要 18 分钟，东京需要 25 分钟。而非洲的塞拉利昂则必须要工作 136 个小时才能买 1 个巨无霸。

当然，各国食材价格、消费税也不一样，所以这些调查数据也只能作为一个参考标准。

109

小学六年级学生的认识和思考
【世界工资】

= 泉美智子　　　=12 岁女孩

> 虽说不能简单比较，但不同的国家工资差别还是挺大的。

> 比如对比各国最低工资水平，工资最高的是澳大利亚，但是澳大利亚的物价、房价等生活费也很高，虽然能拿到较高工资，但花出去的钱也很多。

> 这样说来，也不用怎么羡慕了。

> 比如在快餐界竞争激烈的国家，麦当劳巨无霸价格会偏低，这也是应该考虑的一个要点。

> 好像还有比较星巴克价格的"中杯鲜奶咖啡指数"，比较 1 个 iPhone 价格的"iPhone 指数"。

> "iPhone 指数"显示，在东京，大约只需工作 40 个小时就能够买一部 iPhone，时间算是偏少的，而在乌克兰则必须工作大约 627 个小时，不难想象，对他们来说，iPhone 还是太贵了。

> 也就是说，iphone 在有些国家有可能会变成超级奢侈品，对吧？

> 是的。我们暂且把它记作一个参考指标吧。

※此处【iPhone指数】参考的是UBS【价格和收入调查2015年度】。

便宜东西的背后另有隐情

【从『快时尚』看资本构造】

文 泉美智子

在日本，法律规定必须保护劳动者的权益，并且，雇主有义务支付劳动者工资作为劳动报酬。然而，对于在条件艰苦恶劣、工资低的国家，强制人们劳动，制作那些我们耳熟能详的品牌服装的事，你又了解多少呢？

到了发工资的周末，去喜欢的时尚服装店逛一逛……或许不少人都有这一爱好。即便是通常把钱花在旅行上的人们，也偶尔会有购买衣服的需求。

虽然我们还是会比较在意预算，但不得不说这数十年来，陆续出现了很多物美价廉的服装，这些服装不仅紧跟时尚，品质也不差。

20 世纪，日本人对欧美品牌可谓趋之若鹜，从 1986 年开始的泡沫经济时期开始，就掀起了一股欧美旅行风潮，很多人在旅行归来时，旅行箱里都塞满了各种名牌服饰、包包和鞋。

一进入 21 世纪，被称为快时尚的洪流便席卷了整个服装界。快时尚是指制造商"引入最新流行因素的同时控制较低价格，缩短更新周期，在世界范围内大量生产销售"。或许这样说也并不为过：如今漫步在大街上的大多数人，身上穿的都是时尚快销产品。

快时尚提供的服装表面上和名牌奢侈品并无差别，他们是如何做到这一点的？

把产地移到一些发展中国家，使用廉价劳动力大量生产，并最终得以销售表面看来和名牌奢侈品品质相当，却有着绝对价格优势的服装，这就是快时尚的秘诀。大量生产的服装得以大量卖出，造就了快时尚的成功。

虽说只要重视发展中国家劳动者的人权，并支付劳动者合适的工资，便没什么可诟病的，但对于利益至上的企业来说，仍然存在容易无视人权，强制劳动者长时间劳动的状况。

下面图片展示的是2013年4月24日早上9点，在孟加拉国首都达卡发生的8层大楼倒塌事故现场。这不是地震。

这是一座被叫作拉纳的8层商业大厦，里面入驻的是一家服装加工厂。这起重大悲惨事故造成了大楼内1100多人死亡、2500多人受伤，其中大部分是年轻女性。工人也曾以建筑物墙壁上有巨大裂缝为由拒绝进入工厂，但监工却告知大家"不工作，就没有工资"，强制工人进入工厂。即使每天工作，死伤工人的月工资也不过3900日元。当时孟加拉国1天生活费在2美元以下的贫困人口占了将近80%，是亚洲极为贫困的国家之一。

在整个孟加拉国，拉纳大厦服装加工厂女工的工资也极度低下。在这里制作的都是大家耳熟能详的知名品牌服装。因为2013年的大楼倒塌事件，这些制造商依靠孟加拉国恶劣的劳动环境和低工资谋取暴利的事实浮出水面。当然，这些制造商也遭到了消费者的拒买运动。

我们消费者只有不断擦亮监督的眼睛，才能杜绝"榨取"这种恶劣的商业习惯。

8层建筑大楼倒塌事故（2013年孟加拉国达卡）

第4章 从卖方角度

漫画⑤　大街上到处都是圈套？

01　广告、宣传、非价格竞争

专栏⑤　电商

今天，克莱尔、爸爸、哥哥皮埃尔三人一起去逛街。

去"OK电器"看看吧！

上次电视就是在那里买的。

不行，还是车站对面的"日本相机"更好。

又便宜，品种又全。

我们是会员，还可以用积分。

克莱尔要给自己选生日礼物。

不过，我们有"OK电器"的优惠券啊！

满15000日元就有12%的优惠！买电器正好用得上！

并且那里有时还会送个气球什么的！

有气球啊？

既然有12%的优惠，我们就去那儿吧。

好吧。

聪明吧。

这里是Y-Mobile-。

纸巾

这里正在做免费赠送活动。

只是进店里一趟就……
快，快，那是我喜欢的……
好直接
欢迎光临！送你一个气球。
呃……谢、谢谢……
这……
今天竟然收到了两包纸巾！
高分辨率
音质超好，肯定贵啊！
什么！
28000日元？太贵啦！
在这里！就是这个。
比我正用的那个音质好，
还带蓝牙，我想要的就是这个。
咦，哪个哪个？
“日本相机”网站上写了，
这个月音乐播放器全部有20%的优惠哦。
真的吗？
啊？
那还是去那里买吧！
先在这儿买个耳机，再去吧……

购物后……

我们回来了。

呼……太累了！

回来啦！

嗯！这个嘛，

便宜了4,000日元！！

哥哥的礼物竟然有20%的大优惠！

怎么样？想要的东西都买了吧？

嗯……

并且，还免费送了我们各种纸巾、气球……

在那个店里只买了这一样东西？

商场不赔钱吗？

是这样的，
我们刚开始先去的是“OK电器”，
那里耳机便宜，我们买了耳机后，
又去了“日本相机”，在那儿买了MP3播放器，
还顺便买了我喜欢的书。
书都是统一定价吧。
嗯？
哦……也是！
这样说来，那些气球、纸巾什么的也全都是圈套啦？
好精明啊！
这真是……
说成圈套，有些过分了哦。
只要顾客来，
就有可能多多少少买些东西……
来呀！
到这儿来！
到这儿来！
也就是说，优惠券和大减价，
全是引诱顾客上门的圈套啊！

广告、宣传、非价格竞争

为了增加顾客，制作商或销售方会进行各种广告宣传。在第一章 A 部分"价格决定方法"中提到了"非价格竞争"，也和本章内容有关。

开发商开发新产品时，需要考虑什么样的产品更符合顾客需求。

例如智能手机开发公司，为了不输给制作同样产品的竞争对手，会鼓励创新或便利功能的开发。

液晶显示屏、相机、适应新通信环境的各类新产品的性能决定一切。

开发商

新品上市

怎么宣传呢？

而大米、蔬菜等食品，如果增加有机栽培这一附加价值，或许也可以吸引更多顾客。为了告诉大家新产品的好处，花钱做广告、做宣传也很重要。**广告节目、传单、免费发放的纸巾**，等等，宣传方式可谓多种多样。

119

广告的价格

除了电视或报纸上的**媒体广告**、电车上的吊环或公交车、出租车上的交通广告，以及**视频广告**、**网站上的横幅广告等**同样效果很好。

关于广告价格，比如有较高收视率的电视节目，插播一条广告高达几百万日元；乘客较多的城市电车或车站里的广告费用也相当高。

那么，哪些地方做广告相对便宜呢？那就是在我们周边路上到处都是的**电线杆**。

免费纸巾或优惠券

我们在商业街，有时会收到免费纸巾。

我们经常看见上面写着附近的店名，虽然在日本不同地区价格稍有差别，不过大体上1个月1000日元就能在电线杆上张贴广告。还有，我们也经常会收到和家里邮件一起放入邮箱的**传单**，商家只需交给配送员劳务费，就能宣传店面或服务。另外，智能手机 App 中也有很多关于超市、快餐店的优惠券。店铺提供这些优惠服务不会有亏损吗？

电视广告是媒体广告形式之一。

顾客收到免费纸巾也会很开心。

赠送的纸巾上有商品宣传或店铺广告。有了广告宣传，**顾客开始增加，这对店铺来说是有利的**。也就是说，赠送纸巾这种宣传方式是在店铺精心考虑的基础上做出的决策。如果通过花费资金做宣传使顾客增加，店铺营业额也会增加，那么宣传费用又会重新得以收回。

优惠券也是一样，通过参与优惠活动，你有可能会顺带购买其他物品，或者一起随行的朋友购买了其他物品。总之，店铺不会亏损。

可以说，广告形式每天都在发生变化。当今时代，我们每个人都可以通过**社交媒体**发布信息，名人或被叫作"**影响者**"的意见领袖通过一些网站或手机 App 介绍商品赚钱，这也是他们收取广告费的方式。也有另一种情况，想要做广告宣传的公司或店铺直接给"影响者"支付费用，委托广告事宜。

新的广告形式

即便没有报酬，信息发布者把游戏活动或者美食图片分享在社交平台上，引出讨论话题，**很随意地就做了广告宣传**，这样的事例也不胜枚举。

当然，正是因为进入了这样一个时代，通过信息模拟比对，出现了好多出色的广告。比如直到现在，应考生总是会收到配了笔和红色表格的培训班传单。

随着网络、手机、智能手机兴起的新型广告形式不断增加，或许将来还会有我们预想不到的广告应运而生。

社交网络平台的广告

接下来，我们来思考一下**非价格竞争**。不管是店铺还是公司，都会参与市场竞争，**决定竞争胜负的重要一点是商品价格**。比如，妈妈要去商业街买西红柿。刚开始看到蔬菜店 A，西红柿标价是 1 个 105 日元。不远处另一家蔬菜店 B，卖的是同样大小的西红柿，标价为 1 个 120 日元。妈妈当然会选择重新返回第一家蔬菜店买西红柿。这就是价格竞争。

不过，却有这样的评价："蔬菜店 B 的西红柿正因为贵，才特别好吃哦。"西红柿是否美味，**也就是说品质如何，作为价格之外的因素，也是买方选择时考虑的一个要点。**

什么是非价格竞争？

以蔬菜、水果为代表的食物的品质表现在味道和新鲜程度上。还有些人会把是否有益于健康作为重点来考虑。

同样，铅笔等文具也有品质好坏的区别。非价格竞争要素不仅包括品质，还包括买方的喜好。比如铅笔盒，人们喜好的款式、形状各不相同。

另外，"流行"程度也是考虑非价格竞争时一个非常重要的关键点。

又如我们在考虑购买冰箱、洗衣机、吸尘器时，品质、功能、设计、售后服务等这些价格之外的要素，同样是影响我们选择的关键点。

价格以外的要素

假设 A 公司冰箱具备别家公司产品没有的功能。即便冰箱价格高些，很多顾客也认为可以理解，并且会选择购买，那么，**A 公司在非价格竞争上就取得了胜利。**

顾客购买商品，不仅考虑价格，还会比较品质，最后再决定购买哪个商品。这就是非价格竞争。

价格以外的要素

小学六年级学生的认识和思考
【广告、宣传、非价格竞争】

=泉美智子　　=12岁女孩

> 说起广告，真是五花八门，什么样的都有，也挺有趣的。

> 是啊，在家里，电视、杂志、手机App、视频网站等都有广告。出门了，大街上也到处都是广告。

> 好像所有我们能看见的地方，都有广告。

> 广告本来就是要让更多的人看见嘛，肯定要放在显眼的地方。以前商家经常分发纸巾，现在少了，网络广告增加了。

> 根据不同的网页，植入合适的广告，效果好像很好。

> 最近还出现了这样一套装置：出租车上装载的电脑终端能够自动识别人脸，判断顾客性别后再播放不同的广告……注重目标人群的新型广告正在逐渐增多。

> 不知道未来又将会出现什么样的广告。

电商

【从电子交易看货币结构】

文 泉美智子

如今随着网民数量大幅增加，网上购物范围扩大，买卖方式也变得更加多样化。也正因如此，在日本，全国各地的书店较之以前明显减少了。因为顾客变少，书店难以再继续经营下去。即便需要查找信息，不用看书也能够在网上搜索到。还有电子书的普及，也是造成纸质书、杂志销售额下降的原因之一。不过，访问电子交易（电商）平台买书的人变多，仍是让书店陷入困境的最大原因。亚马逊就是在1995年作为网上书店起家的。书是和电商亲和度最高的商品之一。这又是为什么呢？

第一，得益于日本的出版制度，书籍都是明码标价的；第二，特定书籍在品质上几乎没什么区别；第三，没有盗版；第四，和其他商品相比，书籍运费较低。

作为网上书店起家的亚马逊，交易商品不断增加。如今，除了法律限定的个别物品，没有什么是亚马逊不销售的。并且，只要交了年费成为VIP会员，大部分商品都免运费配送。

电商平台的一个优点是交易费用绝对便宜。普通书店占了大部分经费的店铺租金和店员劳务费，对于电商平台来说都不需要。不仅如此，像亚马逊这样的大型电商平台，和量贩店一样进货单价相对便宜。另外，电商每天都会配送大量商品，和物流公司来往频繁后，运费也会控制在较低价格内。配送时间虽然会有地区差异，但大部分商品都可以在下单后的第

125

二天就送到收货人手里。还有,电商平台的大多数买家都可以享受"包邮"服务,这点也广受大家欢迎。

当然,在原来那些被称为"实体店"的书店买书也有好处。买自己想要的书时,顺便看下其他有趣的书,消磨时光的同时,说不定还会发现自己喜欢的作家的新作品,邂逅开阔自己世界的意外惊喜。近来,书品摆放有自己特色的书店逐渐增加,如果发现了符合自己趣味的书店,光是在那里待上一会儿就足以让人开心。有些店铺内,咖啡馆和书店同时运行,顾客在喝咖啡的同时,还可以阅读摆放在柜台的书籍。诸如此类,书店也开始想方设法增加新的服务形式。

再回到原来的话题,电商平台交易商品的增多,也给零售商带来了激烈震荡。早在2000年6月,限定大型零售商面积规模的法律得到废止,超级市场、家电等量贩店如雨后春笋般兴起。结果,中小规模零售商林立的商业街,在短时间内纷纷关门大吉,销声匿迹。

百货店也受到了冲击。百货店里摆放的都是经过挑选的好货,不管是品质还是种类都值得顾客信赖,但同时,和超市、量贩店相比,百货店商品价格偏高。那些对知名百货店的品牌形象并不关心的人,都会选择在离家不远的量贩店购买衣服、家电、化妆品、鞋等。

不过,量贩店夺取天下,取代小零售商,仅仅持续了短短15年时间。这次,他们遇到了强敌——电子交易。如果人们想在网上购买电器,比如吸尘器,他们会先去趟量贩店,在吸尘器卖场浏览各种商品,然后把店铺撇在一边,转身用手机登录喜欢的电商平台,下单购买相中的那款吸尘器。结果,越来越多的人把电器大卖场当成了商品展厅。

可以预想,今后向电子交易的倾斜还会愈演愈烈。只能用电脑登录电商平台已经成了过去式,智能手机的出现,让登录电商平台变得更加简单,电子交易得到快速普及。iPhone在2008年开始在日本销售,而如今,智能手机的普及率已经超过了85%。电子交易统领小零售商还将持续多长时间,这是一个谁也回答不了的难题。

第5章

从买方角度

故事　物品价值因人而异

01　效用和价格

专栏⑥　电子货币

故事

物品价值因人而异

克莱尔在书店买了朋友推荐的漫画书，欢欣雀跃地刚回到家便迫不及待地在起居室读了起来。

"嗯……并不像朋友说的那样呀。虽然图画还算喜欢，可对里面的故事却一点儿也不感兴趣。"

听了朋友"推荐这本，绝对有趣！"的话，又看了下封面，便把这本书买下的克莱尔，现在却成了泄了气的皮球。

克莱尔满脸遗憾地把漫画书放到了一边，这时，皮埃尔正好走了过来。

"啊，我正想买这本漫画书！只是在网上简单试读了下，就觉得非常有趣，正想买来着。"

"呃，你说要看这个？你想要，就送给你吧。不怎么合我口味，我应该不会再买这个系列的了。"

"可以吗？我不给你付钱的。"

"嗯，没关系。"

"走运喽！"

皮埃尔不费吹灰之力便拿到了这本漫画书，高兴得不得了。

这本漫画书对克莱尔来说没什么"效用"，可到了皮埃尔那里，却成了宝贝。

129

01 效用和价格

我们买东西时经常会感到迷茫：价格高还是低，要买的食物合不合自己口味；买哪个划算……大家应该都会选择能给自己带来最大满足的物品。这就是"效用"。

不合算交易，指的是购买了和所花金钱效用不匹配的物品。 也就是说，从所买商品中得到的效用低于商品的价格，交易就不合算。

假设克莱尔想要买支笔。同一种笔 A 店卖 100 日元，B 店卖 500 日元。克莱尔不知道 A 店便宜，而是在 B 店买了这支笔。那么，她损失了多少呢？首先，花费 500 日元所买的笔的效用是从减去 500 日元（笔的价格）后得到的。**效用减去价格就是"纯效用"。**

> 这个价位合适吗？

A 店也卖这支笔，并且还相当便宜，对此一无所知的克莱尔，在 B 店买笔时心里盘算着，"500 日元虽然有点儿贵，但写起来很舒服，还挺划算的"，整体心满意足，如果就此结束，那么克莱尔就没有什么损失。对克莱尔而言，笔的效用大于 500 日元，于是，她下定决心花 500 日元买下这支笔。

> 想要买支笔！

但后来，当克莱尔知道 A 店也卖同样的笔，并且只需 100 日元时，一定会大吃一惊，懊恼万分！

虽然买的时候还算满意，但只需花 100 日元就能买得到，克莱尔的纯效用就成了笔的效用减去 100 日元（笔的价格），和花费 500 日元买笔相比，竟然多花了 400 日元。结果，因为不知道 A 店也卖这支笔，克莱尔失去了 400 日元的纯效用。我们还可以进一步考虑，如果不花掉这 400 日元，还能用来买些什么。

不过，只有这些损失吗？绞尽脑汁想一想，恐怕并不只是这些。因为克莱尔是在 B 店购买的，所以说损失了 400 日元。

假设 400 日元可以买 3 本笔记本。3 本笔记本的效用减去 400 日元就是纯效用。但是，因为刚开始克莱尔并不知道 A 店也卖那支笔。于是，她失去了笔记本的纯效用。也就是说，克莱尔**失去了花 500 日元购买 1 支笔和 3 本笔记本的机会。**

我们把它称为**"克莱尔支付了机会成本"**。那么，她失去了多少机会成本呢？我们可以这样计算：用 100 日元的笔的纯效用（笔的效用减去 100 日元）加上 3 本笔记本的纯效用（3 本笔记本的效用减去 400 日元），再减去 500 日元的笔的纯效用。

时间成本的考虑方式

曾经看到过这样的报道，人们为了买到最新发布的游戏机，一大早便在家电量贩店门前排起了长队。虽然看起来非常麻烦，但他们却有着各自不同的看法。

在店前排队买游戏机需要花费哪些费用？首先是游戏机费用，另外也不要忘了在店前排队花费的**时间成本**。也就是说，购买游戏机所需费用包括了**游戏机本身的费用**加上排队花费的时间费用。那么，排队买东西得到的效用又如何呢？

首先，游戏机的效用减去游戏机本身的费用，就是买游戏机得到的纯效用。那么，可以不用计算时间成本吗？

首发当天特意排队购买游戏机的人群应该都是游戏发烧友，也就是说排队的都是喜欢玩游戏的。

排长队等待，本来又累又麻烦。但在这里不管是排在前面的还是后面的都是趣味相投、志同道合的朋友，大家侃侃而谈，不知不觉时间便过去了。对于喜欢游戏的人们来说，排队等待根本谈不上时间成本，更像是一段快乐时光。所以，时间成本可以忽略。

而对于另一些人来说，排队4个小时简直是浪费时间，实在是个苦差事。如此，时间成本估计便会高出很多。结果，用纯效用减去时间成本，就成负数了，对这些人来说，在首发当天是不会去排队购买游戏机的。

一些人喜欢和志趣相投的游戏发烧友畅聊，而另一些人也许喜欢自己默不作声地打游戏。效用，对每个人来说都各不相同。

小学六年级学生的认识和思考
【 效用和价格 】

=泉美智子　　=12岁女孩

我上4年级的时候,在国外买过一个特大号的冰激凌。确实也不便宜,1000多日元吧。一个实在太大了,根本吃不完,结果还是剩下了。

虽说吃到了喜欢的冰激凌,但并没有得到1000日元的效用。

本来,700日元、800日元的冰激凌就可以得到相同的效用。虽然那个冰激凌很美味,刚买到手时真的开心极了,但那次买得并不合算。

如果1个人能吃完,或者和家人一起吃完,冰激凌的效用又会随之变化。

是的,同样的东西,不同的人来买,效用也不一样。也就是说,效用因人而异。

比如一模一样的冰激凌,夏天吃和冬天吃,效用也是不一样的,也就是说人们得到的满足感不一样,对吧?状况不同,效用也会发生变化。

不过,对我来说,"买了个超大冰激凌"的珍贵记忆有着特别的价值,这一点没有改变!

部分原手稿
展示

电子货币

【从零现金支付看货币结构】

文 泉美智子

购买物品或服务时，都要用到"钱"。金钱包括纸币和硬币。日本银行负责印刷发行纸币，财务省造币局负责铸造硬币。大多数日本人外出时都会带着放有现金的钱包。虽说现在也在推进零现金发展，但不得不说这一点日本和其他国家相比还差得太远（2018年野村综合研究所调查显示，非现金的使用率，韩国96.4%，中国60%，日本只有19.8%）。不过，中国主要使用二维码支付，韩国多用信用卡，欧洲则主要使用现金结算卡。不同国家和地区，主流结算方法也形式各异。

先不说好坏，日本的现金支付购物方式确实占有绝对高的比例，现在还有很多地方只接受现金支付。之所以拒绝信用卡支付，是因为店铺必须向信用卡发行公司支付一定的手续费。另外，在日本，不管是贺礼还是奠礼，都有送现金的习惯，并且现金还要用信封装好。

在欧洲各国，购物还可以使用个人支票（personal check），可以说从很早以前，零现金支付就已经融入日常了。

这其中一个原因是欧美国家治安较差，把现金放进钱包很容易遭人盗窃。去欧美国家旅行，如果你所在的地方存在钱包被盗的风险，那么你就需要格外留心了。

在日本，除现金以外，也可以使用从银行账户直接扣钱的信用卡，这种支付手段很早之前就已存在，不过信用卡却只限于发行给经过审查后确定有支付能力的少数人群。

自 2019 年 10 月起消费税增加到了 10%，当时政府为了鼓励零现金支付，推出了在限定时间内为零现金支付的人们减少 2% 或 5% 消费税的优惠政策。以此为契机，陆续出现了不少形式各样的零现金支付手机 App，日本零现金进程也得到了相应发展。

虽然是我个人猜测，不过可以预想，日本的现金支付还将继续长期存在下去。这是为了避免向信用卡发行公司支付手续费，再加上 ATM 非常便利，钱包盗窃风险也很小。出于对现金依赖度高等原因，很多店铺还是会尽量避免使用零现金支付，而是选择继续使用现金支付。从孩子到老人，电子货币的普及都将需要相当漫长的时间。

日元、美元、法郎、英镑……
你从哪儿来，又到哪儿去？
金钱，可不要变成迷路的孩子。
守望金钱行踪，
思考金钱力量，
努力成为金钱名人，面对生活。

谷川俊太郎
©2017年鸟取县

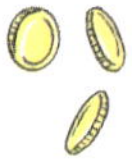

2017年3月，在鸟取环境大学，我自己的课堂研讨会上，举行了由日本消费厅主办的"消费伦理"活动，旨在促使大家思考人在社会环境中如何"幸福地支配金钱"。当时，有幸邀请到诗人谷川俊太郎前来助兴，并收到赠诗一首。谷川先生建议"大家可以读出声来，也可以即兴歌唱"。

这本书源于小学六年级学生的奇思妙想，作为后记，我想用谷川俊太郎先生的诗"金钱名人"为本书收尾。

泉美智子

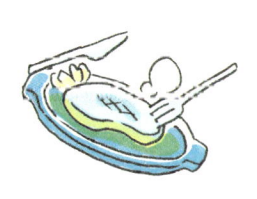

金钱名人

日元、美元、法郎、英镑……

只要有钱,什么漂亮的物品、美味的食物,便捷的工具、有趣的玩具,都能买得到。

有时,金钱还会干坏事,伤害别人,破坏地球。

特别采访

长大后的小女孩　×　泉美智子
Risa Kutani　　　　　Michiko Izumi

底稿作者
在暑假自主研究并创作的久谷理纱
接受本书作者泉美智子的采访！

——当时的暑假自由研究，竟然成就了一本书。现在，你是一种什么心情？

久谷　是啊，特别吃惊。对一个小学生来说，简直就像做梦。刚开始听泉老师说起时，我还云里雾里，随着书的完整雏形初现，我才相信，确实是以自己的作品为基础，并且远远超出了自己的想象，非常高兴。

——我们第一次见面是在 2005 年，那时，你参加了由我主讲的"暑期儿童经济教室"，这些你还记得吗？

久谷　呃……那是六年级时候的事，确实有点儿……只模糊地记得有好多人，大家一起拍照留念……这个自由研究也是那一年做的，不过内容也不怎么记得了（笑）。

——首没好的话，这个采访也就拿不下来啦。所以，你们得努力回忆哦。

久合　好的（笑）。

——你的作品获得了日本文部科学大臣奖，这事一直停留在我的脑海里。后来我还把你的作品介绍给了我所属的经济教育研究会。这次有机会得以出版，真是太好了。

久合　我也是这样想的。虽然当时还只是个孩子，也想象着要是有朝一日能出版该多好，没想到时隔十几年后的今天竟然实现了，忍不住感慨，那时的功夫没有白费（笑）。

——是呀，换一种方式重新来看自己当时的作品，你有什么想法？

久合　说真的，我觉得那时的自己确实写得好认真，对当时的我不由得心生敬意。现在的我还停留在那个水平，几乎没什么长进（笑）。

——那倒不会（笑）。一个小学六年级学生就写了关于金钱的论文，是因为感兴趣吗？

久合　我对好多事情都感兴趣，这是其中一个。实际情况是这样的，当时暑假马上就要结束了，时间很紧，我心里盘算着能不能根据自己的经历写个自由研究……

——根据自己的经历？

久合　是的。在这本暑假自由研究里，我写到了三年级时去爬山，一边欣赏美景一边思考的景色问题；四年级参观卷心菜菜地和市场时写的小论文；五年级时去证券公司的体验；等等。把这些经历写下来，便成了这本书的原稿《对物品价格的思考》。没有请求父母帮忙，完全是自己一气呵成写出来的。

——是在自己调查的基础上写出来的，对吗？

久会　是的，应该是在自己无意中了解的基础上展开想象，然后查阅书和电脑写出来的。

——为什么要采用故事的形式呢？

久会　这个嘛，可能是因为我喜欢看书，喜欢写东西吧。另外，也是考虑到怎样写能更加清楚明白，所以最后打算借助故事人物之口，把不能单靠自己主观说明的地方用客观的事实描述出来。

——这一想法也得到了保留，并由水元咲乃和茉都咯卡两位专业插画师执笔漫画和插图，这也成了本书的另一大魅力。

久会　会是什么样子呢？我也非常期待。

——他们还灵活使用了原稿中的一些有氛围感的插画，布置得恰到好处。

久会　毕竟是小孩子的作品，还觉得挺难为情的（笑）。我本来也喜欢设计和插图。大学时代还参与过广告设计，为学科课题配图等。

——实际上，你还给这本书配了一些插画，就是"小学六年级学生的认识和思考"中两个人的头像，仔细看，每个图案还都画有表情呢。

久会　当时一心想着让长大后的自己也参与到这本书中来……画得很开心，看着这些图案成为书的一部分，这个体验本身也很新鲜。

——当年那个"12岁的女孩"现在已经长大了,你现在的情况能大致给我们介绍一下吗?

　　我大学学的专业是建筑学,毕业后,现在在做城市开发方面的工作。

——不是与金融、经济相关的呢?(笑)

　　对,现在回想起来,正是因为不是特别喜欢或者说特别想学这个专业,才能那样放心大胆地在短时间里写出来。我小学六年级时的梦想是"空间设计"。

——当时的梦想和现在的工作确实还关联上了呢。最后还想问下,对于这本书,你有什么期待?

　　这个嘛,我觉得这本书可以作为介于物品价格相关教材和故事性读物之间的图书,轻松阅读。如果读者能以此为契机,在日常生活中有所发现,我会很开心的。不仅限于大人,也想请各位中小学生来读一下。我觉得要比教科书有意思哦(笑)!

编后语

佐和隆光（经济学家）

颠覆了我先入为主的看法

有幸成为本书监制的我，作为经济学者，已经走过了50余载。我的主攻专业是以数据为基础的经济分析，另外我也从事环境、能源经济学的研究。

以前，我一直认为和诸如美国等国家的同龄孩子相比，日本孩子对经济的关心和理解力相对较弱，但当我大致浏览了由12岁女孩写下的，并成为本书原稿的自由研究论文后，这个多年来先入为主的看法得到了彻底扭转。

这个12岁的小女孩，因为偶然参加了作者泉美智子女士的研讨会，对"物品价格的决定方法"产生了兴趣。

作为自己暑期调查学习的成果，在没有任何人指导的情况下，完成了可以称为与经济学核心的价格结构相关的论文，展现出了优秀的理解力和表现力。

在此写下"编后语"，作为本书的补充内容，期待阅读本书的读者朋友，能对经济、经济学有个更加清楚全面的认识。

假如读者朋友看完此书，情绪高涨，觉得"经济"挺有趣，还想对"经济学"做进一步学习，那么本书原稿作者——12岁女孩对社会的贡献，就真的值得大加赞赏了。

为什么"日语版的经济学"比较难？

当今经济学理论实证研究，是在以英美为中心的英语圈基础上进行的。本书的主要话题是"物品价格的决定方法"。"价格"这个日常用语，相当士英语的"price"。从欧美诸国引入经济学,当然要从翻译英语文献开始。把"price"翻译成日语的"价钱",总觉得好像有些不合适。"价钱结构、市场价钱、价钱竞争……"日常用语频繁登场的经济学好像并不适合称为一门"学问"。于是,在经济学文献中,把"price"翻译成了日语的"价格",用了个明治时期的日本人并没怎么听惯的词。

在英语圈的诸国,不管是3岁孩子还是经济学者,大家都会稀松平常地用到"price"。但在日本,3岁孩子说的"价钱",到了经济学那里便换成了"价格"这个较难的词。在那些致力于文献翻译、朝气蓬勃的经济学者看来,为了给经济学赋予"学术风格",有必要排除诸如"价钱"这样的日常用语。

"market"也是经济学中重要的核心用语。现在"market"这个词语已经成为日语中的一部分,什么 supermarket、free market 等,3岁小孩子也都听得懂。不过,原来经济学刚刚引入日本时,是把"market"翻译成了"集市"或者"集",着实让经济学者苦恼了一番:"market price"翻译成日语"集市价格"合适吗?"market mechanism"翻译成日语"集市结构"可以吗?

于是,也不知道出自谁人之手,最终使用了"市场"作为"market"的日语翻译。确实,"市场价格、市场结构……"散发着专业术语特有的声音效果,就这样,"市场"这一词语作为经济学核心概念在日本固定了下来。

在英语圈诸国,经济学专门用语和日常用语完全一致,所以不管是孩子还是大人,都很容易对经济学产生亲切感。而在日本,则是尽量排除日常用语,努力保留经济学的"学术风格",所以很遗憾,日本人普遍都觉得"经济学好难"!

市场经济的主角——企业和家庭

想要简明扼要地说明"什么是经济"并不容易。我们可以从以下角度理解。

首先,参演"经济"这场大戏的演员是企业、家庭和政府。其次,可供演员唱"经济"大戏（情节沿时间轴发生变化）的舞台叫"市场"。

企业为市场提供物品和服务，家庭需要这些物品和服务。服务是指电车或公交运输、理发店理发、医院治疗、学校教育等。不管哪种服务都不是免费的，和物品一样都有价格。为市场提供同一种物品和服务的企业有很多家。从生鲜食材、加工类食品到智能手机、家电、汽车等，所有物品和服务都有多家企业生产和供给，在价格、性能、功能、设计等水平上各有差异，市场竞争相当激烈。

作为买方的家庭同样众多。不同的家庭彼此喜好各不相同，人们通过市场购买各种物品和服务时，都会尽量做到在有限的预算内，让"效用"（满意程度）最大化。供给和需求相遇的地点是市场。所以，要想供给和需求一致（既不滞销也不断货），首先起决定作用的就是市场交易过程中物品和服务的价格。换句话说，物品和服务的价格由调节供给和需求平衡的市场结构运作决定。

家庭通过向企业出卖劳动力（户主等家庭成员在企业或单位工作），得到收入（劳动所得）。家庭成员（户主、配偶、孩子）通过店铺零售商或网上电商，购买想要的物品和服务。

决定是否购买的一个重要因素，是各种物品或服务的价格。

购物所需必要资金主要来自户主劳动（向企业或单位出卖劳动力）所得。简单来说，经济就是在市场这个舞台上，企业和家庭间通过金钱进行的物品、服务交易和劳动力交易。

政府职责和税收

除此之外，还需要再加一条内容。我们知道，整个世界，不管哪个国家，自然灾害、失火、犯罪等事故每天都在发生。所以，除了企业和家庭，还存在另一个成员，那就是政府。救济自然灾害受灾群众，赶往火灾现场，拯救失火建筑中的被困人员，灭火等是消防局的职责；用救护车把病人或受伤人员送到医院也是消防局的职责；有人犯罪时，赶往现场捉拿罪犯，调查逃逸犯人行踪等是警察的职责；通过治安和防范，确保人人安居乐业,也是警察的职责。不管哪个国家,都设有守护国家安全的军队（日本是自卫队）。

消防、警察、国防这3种工作不能委托给民间企业,只能由政府负责。另外,国会、政府机关、县区政府、市政厅、法院、公立中小学校等运行同样也是政府的重要工作。

虽说消防局或警察局为人们的生活保驾护航,却并不收费。政府工作（公务）除了公务员的劳务费,其他费用应该也是一笔不小的开销。

那么,表面上无法营利的政府,到底是怎样筹措到所需资金的呢?答案就是"税收"。对于个人和企业取得的收益,政府会征收税金。不仅包括所得税,还有对个人、企业所拥有的土地、住宅、建筑物等,也会征税。酒类、烟草、汽车也需要纳税。有些国家还会征收消费税。这些诸多税收合起来都会成为政府（国家和地方自治区）的收入。

接下来,我们要思考的问题是"什么是经济学"。企业追求自身利益（销售额减去经费）最大化。这里所说的经费,并不包括劳务费、租金和利息。可以说,制作产品所需的原材料费用等占了经费的一大部分。企业追求的是利益最大化。家庭在劳动所得条件制约下,也会追求自身效用最大化。

企业或家庭都在"合理地"表现这种行为。有着合理诉求的企业和家庭进行市场交易,在这个前提下阐述市场（价格）结构,寻找市场失衡（滞销、断货、失业等）力量根源,研究市场失效时的处方……这些都是经济学的课题。

中国东晋时期有位叫葛洪（约281—341）的道教学者,在他的著作中,出现了"经世济民"这个成语。意思是"社会繁荣,百姓安居"。后来,中国隋朝的儒学家王通（584—617）使用了省略语"经济",并第一次用到了"经济学"这个词汇。王通对经济学的研究对象是政治、统治、行政。而这和我们之前解释的经济学好像有很大区别。

实际上,最初在欧洲,经济学也是为政治、统治和行政设立的一门学问。古典经济学奠基人亚当·斯密在《国富论》中，论述了这一主题，"如果任由人们追求自己的个人利益，经由'看不见的手'的引导，能够实现国家（社会）整体利益最大化"。这个论题的背后，是"国家不应该干预市场经济"的经济政策方针。这一观点推崇的正是自由主义经济。

新古典学派和凯恩斯学派

19世纪70年代，新古典经济学派起源于奥地利，之后在英国、美国得到广泛发展。古典经济学的代表人物就是刚才介绍过的亚当·斯密，而新古典经济学作为一个新兴经济学派，吸收了亚当·斯密潮流思想，所以被命名为新古典经济学派。

新古典经济学派的出发点是以市场经济中价格的决定方法为切入点，从理论上解析市场（价格）体系动态。从这点来看，本书聚焦于价格，可以作为新古典经济学派的入门书。

进入20世纪，出现了另一位伟大的经济学家——约翰·梅纳德·凯恩斯。在他的著作《就业、利息和货币通论》中，阐述了全新的经济学原理。正如新古典经济学派之前的预言，市场经济并非万能，避免不了会出现失业等劳动市场失衡、经济波动等不稳定现象。为了调整失衡、不稳定的状况，需要政府运用财政金融政策介入市场。

"经世济民"的凯恩斯经济学，在第二次世界大战后，成了日本财务省、中央银行的政策模板，直到现在，仍继续保持着强大的生命力。

调整国家预算、税制改革、失业保险、给享受生活保障人群发放生活费、国民健康保险、医疗保险等，是财政政策的典型范例。日本政府中的财务省、厚生劳动省负责执行以上列举的财政政策。

金融政策主要由日本银行负责。各银行有义务把从个人或企业收集的存款按照一定比例存入日本银行。日本银行给银行存款支付的利息叫作"政策利息"。通过增高或降低政策利息，调整民间货币数量，规避通货膨胀和通货紧缩，这就是日本银行的金融政策。

12 岁女孩是个天才

刚刚的经济学话题好像有点儿太深了,我们就此打住,把话题重新拉回到本书上来。由 12 岁女孩完成的本书原稿,发挥了小女孩灵动的聪明才智,有着卓越的理解力和表现力。女孩把在泉美智子女士研讨会上学到的基本经济学原理,作为她对"物品价格决定方法"调研学习的素材,仅用了 1 周时间,便写出了一篇有着超群想象力和创造力的论文。

套利交易、机会成本、公共财产、非价格竞争、影子工作……这些艰涩的概念,小女孩不仅能正确理解,还能用自己的故事讲述出来,把她称为天才也不为过。

之前,我见过几个 12 岁便达到了大学水平的数学天才。数学这门学问本来就具有容易出天才的特质。也就是说,数学天才有着共同的特征,那就是他们有个(能把数学的具体世界可视化)特异大脑,10 万人中只有几个人拥有这种特异大脑。

但是,经济学天才——范围再大些——社会科学天才,回忆以往,却少之又少。约翰·梅纳德·凯恩斯曾经这样说过:"经济学家,多多少少也应该是个数学家、哲学家、历史学家、文学家,等等,对所有学问都必须通晓。"确实如此,用我以往的经验来看,除上述诸多学问外,在解读古典经济学、著述先驱性作品、论文时,对物理、化学等自然科学知识的理解力也不可或缺。

夏目漱石也是这个意义上的天才。夏目漱石有位朋友,也是个声名在外的大才子,这位朋友听说他在日本第一高等学校学习的所有学科都非常优秀,打算考取东京帝国大学建筑专业,便给出了这样的忠告:"夏目君,你说的艺术建筑,再长也不过百年,还是学文学吧。只要你肯学,你甚至可以写出流传几百年、上千年的名作。"夏目漱石听从了这个忠告,在大学选择了英语文学专业,而事实也是如此,他的名作至今仍在流传。

本书作者泉美智子女士,在过去 20 年间一直从事儿童经济学教育,这本身就是了不起的业绩。借着可以一窥 12 岁天才女孩羽翼的这部作品,得以了解到泉老师为数众多优异成绩中的其中一项,很是钦佩。有幸成为本书监制,万分感激,就此搁笔。

图书在版编目（CIP）数据

惊呆了！经济学超简单 /（日）泉美智子著；胡伟静译 . -- 杭州 : 浙江人民出版社 , 2022.2
ISBN 978-7-213-10402-2

Ⅰ . ①惊… Ⅱ . ①泉… ②胡… Ⅲ . ①经济学－儿童读物 Ⅳ . ① F0-49

中国版本图书馆 CIP 数据核字 (2021) 第 250029 号

浙江省版权局
著作权合同登记章
图字：11-2021-240 号

12 SAI NO SHUOJO GA MITSUKETA OKANE NO SHIKUMI by Michiko Izumi
Supervision by Takamitsu Sawa
Draft by Risa Kutani
Illustration by Sakino Mizumoto & Modoroka
Copyright © by 2020 Michiko Izumi
Original Japanese edition published by Takarajimasha, Inc.
Simplified Chinese translation rights arranged with Takarajimasha, Inc. through East West Culture & Media Co., Ltd., Tokyo Japan
Simplfied Chinese translation rights © 2021 by Beijing Xiron Culture Group Co., Ltd.
All rights reserved.

惊呆了！经济学超简单
JINGDAI LE! JINGJIXUE CHAO JIANDAN

[日] 泉美智子　著　胡伟静　译

出版发行	浙江人民出版社（杭州市体育场路 347 号　邮编　310006）
责任编辑	钱　丛
责任校对	戴文英
封面设计	大　饼
电脑制版	刘龄蔓
印　　刷	三河市嘉科万达彩色印刷有限公司
开　　本	880 毫米 ×1230 毫米　1/32
印　　张	5
字　　数	50 千字
版　　次	2022 年 2 月第 1 版
印　　次	2022 年 2 月第 1 次印刷
书　　号	ISBN 978-7-213-10402-2
定　　价	45.00 元

如发现印装质量问题，影响阅读，请与市场部联系调换。
质量投诉电话：010-82069336